WALTER FURRER
UNBEWUSSTE KOMMUNIKATION

2 0.–
2/10 /8

DR. MED. WALTER L. FURRER

UNBEWUSSTE KOMMUNIKATION

PSYCHOTHERAPEUTISCHE KOMMUNIKATION

SICHTBAR GEMACHT

IN ZEICHNUNGEN VON ANALYTIKER UND PATIENT

ZWEITE, UNVERÄNDERTE AUFLAGE DES BUCHES

«OBJEKTIVIERUNG DES UNBEWUSSTEN»

VERLAG HANS HUBER BERN

STUTTGART WIEN

ISBN 3-456-80321-4

1977

© 1969 Verlag Hans Huber Bern
Satz und Druck: H. Arm, Bern
Printed in Switzerland

INHALTSVERZEICHNIS

VORWORT ZUR 2. AUFLAGE

Dieses kleine Buch, welches in zweiter Auflage unverändert herausgegeben wird, hat bei Kennern der Tiefenpsychologie eine gute Aufnahme gefunden. Besonders freut mich die Erfahrung, daß es über die Fachwelt hinaus auch einem Kreis von interessierten Lesern aus verschiedensten Bevölkerungsschichten tiefere Einblicke in die höchst bedeutsame, im Alltag aber nicht direkt nachweisbare Wirklichkeit der *unbewußten* zwischenmenschlichen Beziehungen eröffnet hat. Anhand des Bildmaterials von Arzt und Patient vermochten auch solche Leser, die die Psychoanalyse nicht aus eigener Erfahrung kennen, etwas von dem nachzuvollziehen, was die moderne Psychotherapie seit FREUD ihrem Wesen nach ist, wie sie konkret vor sich geht und auf welchen emotionalen Grundlagen sie beruht.

Durch die stürmischen Umwälzungen aller sozialen Verhältnisse in den letzten Jahrzehnten wurden die vielfältigen Probleme der menschlichen Kommunikation immer stärker in den Brennpunkt des allgemeinen Interesses gerückt. Es besteht ein großes Bedürfnis nach neuen Formen der Beziehung und auch nach einem umfassenderen Verständnis der zwischenmenschlichen Kommunikation überhaupt. In diesem Zusammenhang ist es von besonderer Bedeutung, das grundlegende Verständnis für unbewußte Bereiche der Wechselwirkungen von Mensch zu Mensch durch objektiv überprüfbare Forschungsergebnisse aus der psychotherapeutischen Praxis zu erweitern.

Ich hoffe, daß diese Schrift aufgrund ihres neuartigen Zuganges zu den Problemen der zwischenmenschlichen Kommunikation für möglichst viele einen echten Beitrag zu solchem Verständnis bringen wird.

Dezember 1976

Walter L. Furrer

VORWORT

Der Bitte meines Freundes Walter Furrer, ein Vorwort zu seiner Monographie über die «Objektivierung des Unbewußten» zu schreiben, komme ich mit um so mehr Freude nach, als ich selbst diese Objektivierung miterlebt und am hier beschriebenen Verifizierungsexperiment teilgenommen habe, ohne jenes knappe Wissen um die Entstehungsbedingungen der Unterlagen, das Furrer auf S. 42 vermittelt. Der Verfasser erschien zu einem Sonntagsbesuch, breitete ohne weitere Erklärung zwanzig Blätter vor meiner Frau und mir aus und bat um deren paarweise Zuordnung zueinander. Sie gelang auf Anhieb. Erst nachdem sie vollzogen worden war, berichtete er uns, wie die Bilder und Zeichnungen entstanden waren und um was es ging. Später konnten wir beobachten, wie an einem Referierabend der Psychiatrischen Universitätsklinik Bern die gleiche Zuordnung den eingeladenen Kollegen und Gästen ebenso mühelos und ausnahmslos zutreffend gelang.

Was Furrer uns hier bietet und dem einen Betrachter als heiteres, dem anderen als beinahe verdächtiges Spiel vorkommen mag, ist ein Forschungsergebnis hohen Ranges. Es ist langsam, über viele Jahre in der Einsamkeit und der hier besonders betonten Stille des psychotherapeutischen Sprechzimmers gereift, fern aller akademischen und publizistischen Betriebsamkeit. Der Verfasser hat lange gewartet und seine Befunde vielfach erprobt, bevor er damit an die Öffentlichkeit herangetreten ist. Dieser Öffentlichkeit mag es zum Teil nicht leicht fallen, sie zu verdauen und einzuordnen, widersprechen doch die Befunde selbst wie auch die kurze, aber schlüssige Beweisführung allen Modeströmungen der heutigen Forschung. Die Unterlagen sind nicht zahlreich und können es ihrer Natur nach nicht sein. Ihre Verifizierung gelingt bei zahlreichen Kontrollen zu hundert Prozent, wodurch eine statistische «Bearbeitung» sinnlos wird. Die Tatsachen bleiben und sprechen für sich.

Die mitgeteilten Ergebnisse sind, als experimenteller Nachweis unbewußter seelischer Vorgänge, in eine Reihe mit dem Assoziationsexperiment C. G. Jungs und der experimentellen Traumforschung von Kleitmann und Dement zu stellen. Als Beweis für die unbewußte Kommunikation stehen sie – den einen befremdlich, den andern selbstverständlich – wohl einzig da, wenn man von oft angefochtenen Ergebnissen der parapsychologischen Forschung absieht. Die Frage ihrer Wiederholbarkeit wird und muß den unvoreingenommenen Leser beschäftigen. Das Verifizierungsexperiment ist beliebig wiederholbar und ist mit gleichbleibendem Erfolg vielfach wiederholt worden. Nicht beliebig wiederholbar dagegen ist das Herstellungsexperiment im psychotherapeutischen Sprechzimmer, es sei denn unter den gleichen, von Furrer eingehend geschilderten, nicht beliebig anzutreffenden oder herzustellenden Bedingungen, wozu als erste m. E. ein Therapeut von jener seltenen Sensitivität, Offenheit und Mitschwingungsfähigkeit wie Furrer gehört. Selbst aber, wenn jeder anderweitige Versuch, zu gleichen Ergebnissen zu gelangen, scheiterte, blieben Furrers Befunde maßgebend für unsere Kenntnis des Unbewußten.

Vom «Unbewußten» zu sprechen begegnet nicht mehr den gleichen Widerständen wie zu Zeiten, als Freud und Jung ihre bahnbrechenden Entdeckungen machten. Von unbewußter Kommunikation weiß zwar jeder erfahrene Analytiker und auch mancher Nichtanalytiker seit langem, doch hat es bisher an der befriedigenden Objektivierung solcher Kommunikation gefehlt. Furrer hat nicht nur diese verwirklicht und augenscheinlich dargestellt, sondern auch darüber hinaus manche Erkenntnis über die Art und Weise der unbewußten Kommunikation gewonnen, welche er hier vorlegt und welche für künftige Untersuchungen auf diesem Gebiet von grundlegender Bedeutung sein dürften. Die Gestaltpsychologen haben ihm hier wertvolle Vorarbeit geleistet, welche vom Großteil der Therapeuten, sehr zum eigenen Nachteil, kaum zur Kenntnis genommen worden ist. Den Jungschen wie den Freudschen Analytiker werden Furrers Entdeckungen erfreuen, aber nicht überraschen. Von der Freudschen Psychoanalyse herkommend, nähert sich Furrer oft stärker, als aus dem Text unmittelbar hervorgeht, der analytischen Psychologie C. G. Jungs, verschließt sich dieser keineswegs und nimmt erfreulicherweise mit der Freiheit des selbständigen Denkers einen Standpunkt zwischen und über den Schulen ein.

Mit dem Erscheinen von Furrers Monographie hört die Intuition auf, eine romantische Spekulation, eine Künstler- oder Weiberlaune zu sein. Auf die pathologisch entgleiste Intuition als Grundlage des Wahnes habe ich schon 1955 in meinem Lehrbuch der allgemeinen Psychopathologie hingewiesen. Auf weitere, mannigfache und fruchtbare Beziehungen der Furrerschen Erkenntnisse hinzuweisen, wäre verlockend, muß aber des Raumes wegen unterbleiben. Doch sei ein Hinweis zum Schluß gestattet: auf die außergewöhnlichen menschlichen Qualitäten des Werkes. Mitten im lautstarken, oft mehr pseudowissenschaftlichen, von Neologismen strotzenden psychotherapeutischen Geschwätz der «Literatur» spricht einer, der etwas zu sagen und es lange erwogen hat, dies in schlichten und klaren Sätzen aus, einer, der ebenso gut die große und seltene Tugend des bescheidenen Horchens, des mitfühlenden, teilnehmenden Schweigens und des selbstvergessenden ruhigen Lauschens nach innen beherrscht. Der so spricht, verdient, daß man auf ihn hört.

Waldau-Bern, im Februar 1969

Professor Dr. med. K. W. Bash

EINLEITUNG

Alle wissenschaftliche Forschung im Bereich der Tiefenpsychologie setzt die Existenz eines unbewußten Seelenlebens voraus. Die als Gegenstück zum Bewußtsein aufgestellte Hypothese des Unbewußten ist allerdings für das Gefühl vieler Menschen eine der aufregendsten und umstrittensten Annahmen der Psychologie. Die meisten sind sich darüber einig, das Psychische habe durchaus einen gemeinsamen Charakter, in dem sein Wesen ausgedrückt ist: Es ist dies der einzigartige, unbeschreibliche, aber auch einer Beschreibung nicht bedürftige Charakter der *Bewußtheit*. Alles Bewußte, so folgern sie, sei psychisch, und umgekehrt auch alles Psychische bewußt.

Solcher Gleichstellung des Psychischen mit dem Bewußten widerspricht die Psychoanalyse. Freud erklärt das Psychische an sich, was immer seine Natur sein mag, als unbewußt und beruft sich zur Begründung seiner Aussage auf eine Anzahl von eindrücklichen Tatsachen. Die crux der Beweisführung lag bisher allerdings darin, daß wir unsere Beobachtungen über unbewußte Vorgänge mit Hilfe der *Lücken* im Psychischen machen, «indem wir das Ausgelassene durch naheliegende Schlußfolgerungen ergänzen und es in bewußtes Material übersetzen. Wir stellen so gleichsam eine bewußte Ergänzungsreihe zum unbewußten Psychischen her. Auf der Verbindlichkeit dieser Schlüsse ruht die relative Sicherheit unserer psychischen Wissenschaft. Wer sich in diese Arbeit vertieft, wird finden, daß unsere Technik jeder Kritik standhält.» [11] (Freud, 1938, S. 81.)

Die Evidenz außerbewußter Vorgänge ist also an persönliche Erfahrung gebunden. Nur wer sich praktisch in die psychoanalytische Arbeit vertieft, wird sich über die Verbindlichkeit ihrer Schlußfolgerungen ein begründetes, wenn auch notwendigerweise *subjektives* Urteil bilden können. Ein *objektiver* wissenschaftlicher Nachweis unbewußter Vorgänge hingegen ist auf diesem Wege nicht möglich.

Dem Nichtanalytiker steht kein Material zur Verfügung, welches ihm auf Grund wissenschaftlicher Kriterien die Existenz unbewußter zwischenmenschlicher Vorgänge zu beweisen vermöchte derart, daß er sich dem Zwang der Richtigkeit nicht zu entziehen vermag.

An diesem Punkt setzt die hier vorgelegte Forschungsarbeit ein. Das grundsätzlich Neue der Methode der Objektivierung des Unbewußten liegt darin, daß unbewußte zwischenmenschliche Kommunikationsprozesse in ihrer Wechselseitigkeit auf eine spezifische Weise graphisch sichtbar gemacht werden, welche es ermöglicht, das Unbewußte einer wissenschaftlich objektiven Untersuchung zuzuführen. Die Objektivierung geschieht auf einem methodisch neuartigen Wege, indem drei verschiedene Verifizierungsschritte zu einem wissenschaftlichen Forschungsverfahren vereinigt werden. In einem ersten Schritt werden die unbewußt zwischen Analytiker und Analysand ablaufenden psychischen Prozesse in der psychoanalytischen Therapiesituation in eine graphische Ausdrucksform gebracht. Dies geschieht durch Einführung einer neuen therapeutischen Methode des Zeichnens – bei welcher sowohl der Analytiker als auch der Analysand ohne Sichtverbindung auf das Zeichenblatt des andern je für sich abstrakte Kritzeleien anfertigen – in die psychoanalytische Situation: Dieses *induktive Zeichnen,* dessen Voraussetzungen, Technik und Anwendungsweise in der vorliegenden Schrift eingehend beschrieben werden, ermöglicht das Sichtbarmachen unbewußt sich abspielender psychischer Vorgänge bei Arzt und Patient.

Das im induktiven Zeichnen zustandegekommene Bildmaterial von Analytiker und Analysand kann nun in einem zweiten Schritt des Objektivierungsverfahrens einer wissenschaftlich-kritischen Analyse unterzogen werden. Dabei werden nicht die Bild-Inhalte und die möglichen Bedeutungen der Bilder zu erforschen versucht, sondern es werden die graphischen Merkmale der Bildnereien von Arzt und Patient nach objektiven Kriterien ausgewertet und auf ihre formale Übereinstimmung oder Ähnlichkeit hin untersucht.

Im dritten Schritt des Verifizierungsverfahrens für die unbewußten Kommunikationsvorgänge wird das psychologische Experiment herangezogen. Nach der Auffassung der meisten Analytiker ist es methodisch fragwürdig und ärztlich unzulässig, die psychologische Experimentalsituation auf die psychoanalytische Arzt-Patient-Beziehung anzuwenden, weil dadurch deren therapeutischer Kern zerstört würde. Hingegen können die Bildnereien von Analytiker und Analysand außerhalb der Therapie auf experimental-psychologischem Weg untersucht werden. Das Verfahren ist so angelegt, daß auch der Leser instand gesetzt ist, die in dieser Schrift dargestellten Beobachtungen auf ihre wissenschaftliche Relevanz hin zu beurteilen.

Die Methode der Objektivierung des Unbewußten entstammt also primär nicht der psychologischen Experimentalsituation, sondern wurde aus den therapeutischen Anforderungen der psychoanalytischen Praxis heraus entwickelt. So ist auch das Achsenthema dieser Schrift die *Arzt-*

Patient-Beziehung, wobei besonders die tieferen unbewußten Kommunikationsprozesse in der Psychoanalyse zur Darstellung gelangen. Die Ausführungen beschränken sich demgemäß nicht auf den einen der beiden Partner der psychotherapeutischen Situation, den Patienten; vielmehr wird entsprechend der psychoanalytischen These, daß Übertragung und Gegenübertragung eine funktionelle Einheit bilden, die wechselseitige Beziehung von Analytiker und Analysand einer wissenschaftlichen Untersuchung unterzogen. Die unbewußten psychischen Wechselwirkungen in der Therapiesituation werden anhand von *Bildmaterial von Arzt und Patient* direkt sichtbar gemacht.

Die Bedeutung der Methode der Objektivierung des Unbewußten liegt auf vier verschiedenen Ebenen:

Zunächst auf der Ebene der *psychologischen Grundlagenforschung.* Die für die gesamte Tiefenpsychologie fundamentale Hypothese unbewußter seelischer Vorgänge wird verifizierbar. Das Unbewußte läßt sich als eine psychische Wirklichkeit objektiv nachweisen.

Des weiteren erschließt die Methode der Objektivierung des Unbewußten neue Aspekte der *zwischenmenschlichen Beziehung.* Sie macht unbewußte Grundprozesse sichtbar, welche sich *vor* jeder inhaltlichen oder gar begrifflichen Artikulierung ereignen, und läßt mit aller Klarheit eine formale und eine inhaltliche Seite des zwischenmenschlichen Geschehens gegeneinander abheben. Dies führt zu einer Erweiterung und Differenzierung unserer Auffassungen über die zwischenmenschlichen Kommunikationsprozesse.

Ferner eröffnet die Methode der Objektivierung des Unbewußten ein neues Verständnis der *Arzt-Patient-Beziehung,* welches über die psychoanalytische Situation hinaus für jede Arzt-Patient-Beziehung bedeutsam ist. Besonders erschließt sie auch neue Aspekte der ärztlichen Intuition und vertieft damit die bisherige Auffassung über das Wesen der Heilhandlung.

Schließlich gibt sie (auch dem mit der Psychoanalyse nicht vertrauten Menschen) einen *direkten Einblick in unbewußte psychoanalytische Prozesse,* wobei namentlich die feineren Wechselwirkungen und die intellektuell überhaupt nicht mehr adäquat faßbaren arationalen Vorgänge zwischen Analytiker und Analysand anschaulich werden.

Die Auffassungen, welche ich hier vorbringe, sind durch Beispiele aus der psychotherapeutischen Praxis belegt. Die Dokumentation meiner Thesen durch Bildmaterial aus der psychoanalytischen Arbeit berührt die ärztliche Schweigepflicht nicht, weil es sich in allen Fällen um unthematisiertes Material in Gestalt von abstrakten Kritzeleien handelt, welches keine Rückschlüsse auf bestimmte Personen ermöglicht.

Der Begriff Psychoanalyse, wie er in dieser Schrift verwendet wird, ist nicht streng an eine bestimmte Schulrichtung gebunden, sondern umfaßt jene wesenhaften Grundanschauungen der modernen psychologischen Menschenkunde und der Psychotherapie, welche in ihren entscheidenden Voraussetzungen von Freud entwickelt und später von den verschiedenen tiefenpsychologischen Forschungsrichtungen weiter ausgebaut worden sind.

Zum Schluß dieses Vorwortes möchte ich meinen Dank all denjenigen aussprechen, die das Werden und Erscheinen des Buches durch vielfältige Anregungen, Rat und tätige Förderung ermöglichten.

Luzern, im Herbst 1968

1. METHODISCHE GRUNDPROBLEME
DER OBJEKTIVIERUNG DES UNBEWUSSTEN

Eine grundlegende Schwierigkeit für das Verständnis der Psychoanalyse, sowohl in ihrer Theorie als auch in ihrer praktischen Methode, resultiert aus dem Sachverhalt, daß sich die Psychoanalyse im wesentlichen auf unbewußte psychische Vorgänge beruft. Diese sind aber gerade ihres unbewußten Ablaufes wegen der rationalen Kontrolle nicht direkt zugänglich. Nur eine spezifische Untersuchungstechnik gestattet dem Analytiker, die zutage liegenden psychischen Prozesse in die unbewußten Regionen zu verfolgen. Die wissenschaftliche Arbeit in der Analyse besteht darin, durch *Deutung* unbewußte Vorgänge zu erschließen und in bewußtes Material zu übersetzen. Sie geht also von der Annahme aus, daß Lücken in der bewußten Wahrnehmung sinngemäß ausgefüllt und solcherart psychische Vorgänge ins Licht des Bewußtseins gehoben werden können. [11] (Freud, 1938, S. 147–181). Dieser Erkenntnisprozeß ist aber auf die individuelle Eigenerfahrung von Analytiker und Analysand beschränkt. Nur das persönliche Erleben des analytischen Verfahrens ermöglicht den beiden Partnern der psychoanalytischen Situation jene faszinierende Entdeckung und Übersetzung mannigfacher unbewußter Vorgänge, welche mit zunehmender Erfahrung immer entschiedener als eine Wirklichkeit bewußt erlebt wird. So gewonnener Überzeugung haftet naturgemäß trotz der inneren Gewißheit stets der Charakter bloß *subjektiver* Evidenz an. Diese kann nicht als Beweis im strengen Sinn objektiver Wissenschaft gelten. Wenn es uns gelingt, unbewußte seelische Prozesse auch *objektiv* nachzuweisen, so ist dies für die psychologische Grundlagenforschung ein entscheidender Fortschritt.

Eine der wichtigsten Thesen der Psychoanalyse über die therapeutische Beziehung zwischen Analytiker und Analysand ist die Annahme unbewußter Wechselwirkungen zwischen Arzt und Patient. Freud sagt, die gleichschwebende Aufmerksamkeit befähige den Arzt dazu, daß er «*solcherart das Unbewußte des Patienten mit seinem eigenen Unbewußten auffange*».

Da es in der vorliegenden Schrift um die Kernfrage der Objektivierung unbewußter Kommunikationsprozesse geht, führe ich die für den Arzt bestimmten Anweisungen Freuds über die analytische Haltung der gleichschwebenden Aufmerksamkeit ausführlicher an: «Die Erfahrung zeigte bald, daß der analysierende Arzt sich dabei am zweckmäßigsten verhalte, wenn er sich selbst bei *gleichschwebender Aufmerksamkeit* seiner eigenen unbewußten Geistestätigkeit überlasse, Nachdenken und Bildung bewußter Erwartungen möglichst vermeide, nichts von dem Gehörten sich besonders im Gedächtnis fixieren wolle, und solcherart das Unbewußte des Patienten mit seinem eigenen Unbewußten auffange.» [10] (1923, S. 215).

Jung formuliert den Sachverhalt folgendermaßen: «Unbewußt beeinflußt ihn der Patient und bewirkt Veränderungen im Unbewußten des Arztes» [19] (S. 31).

Gleichschwebende Aufmerksamkeit wird von Freud und andern Autoren als eine *passive* Haltung des Therapeuten beschrieben. Diese Charakterisierung als Passivität ist jedoch lediglich vom Standpunkt einer intellektuell-willensmäßigen Einstellung dem Partner gegenüber zutreffend. Passiv sind dabei vorwiegend die rationalen Schichten des Bewußtseins; der besitzergreifende, formende Wille erscheint ausgeschaltet; dagegen sind in der gleichschwebenden Aufmerksamkeit die tieferen Schichten des Bewußtseins aktiviert und die unbewußten Funktionen werden in einer äußerst sensiblen Weise reaktionsfähig. Husserl und Brentano haben den aktiven Anteil einer «an sich rezeptiven» Tätigkeit untersucht und in seiner Bedeutung herausgestellt.

Bei der gleichschwebenden Aufmerksamkeit geht es um eine psychische Leistung des Therapeuten, die vornehmlich darin besteht, jene unvoreingenommene Offenheit herzustellen, in der der Analysand am besten seine ihm eigene Wirklichkeit entfalten kann. Das «Aufmerken» ist somit eine nicht-absichtliche *Intentionalität* dem Partner gegenüber, so daß ein emotionales Spannungsfeld entsteht, in dem eine *aktive* psychische Tätigkeit innerhalb des unbewußten reziproken Wechselspiels zwischen Therapeut und Analysand sich einstellt.

Diese komplexen aktiven Vorgänge in der von außen gesehen passiven Haltung des Analytikers seinem Analysanden gegenüber lassen sich mit einer neuartigen Methode, welche auf S. 39 ff. näher charakterisiert werden soll, der *Methode des induktiven Zeichnens,* zur Darstellung bringen. Zweifellos muß bei diesem Mitschwingen und Einfühlen immer die Voraussetzung gelten, daß beim Arzt ähnlich Strukturiertes vorhanden ist, das in der jeweiligen Situation aufgeweckt und zum Mitklingen gebracht wird.

Obwohl die These einer direkten Kommunikation des Unbewußten des Arztes mit dem Unbewußten des Analysanden von keinem erfahrenen Analytiker in Frage gestellt wird, ist es bisher noch nie gelungen, dafür einen objektiven Beweis zu erbringen. Die Gründe für die außerordentliche Schwierigkeit dieses Problems werden sichtbar, wenn wir uns zunächst die Frage stellen: welches sind die *Voraussetzungen* dafür, daß die Objektivierung der psychoanalytischen These einer unbewußten Kommunikation von Arzt und Patient unter wissenschaftlich einwandfreien Kriterien erwiesen werden kann?

1. Die unbewußten Vorgänge, die sich bei Arzt und Patient wechselseitig abspielen, müssen in eine dem Bewußtsein zugängliche Ausdrucksform übergeführt werden.

2. Sie müssen objektiv nachweisbar sein, also aus dem Bereich der subjektiven Erfahrungsevidenz in den Bereich der *wissenschaftlichen Objektivität* gehoben werden.

3. Sie müssen als *reziproke* Kommunikationsprozesse in Erscheinung treten.

4. Ihre Objektivierung muß den allgemein geltenden Bedingungen wissenschaftlicher Verifizierbarkeit unterworfen werden. Der Objektivierungsversuch muß also *experimentellen* Charakter haben, was die *Wiederholbarkeit* des Vorganges einschließt.

5. Der *therapeutische* Charakter der psychoanalytischen Situation darf nicht gefährdet werden.

6. Das *Arztgeheimnis* muß mit der gleichen Strenge gewahrt bleiben, die in der Psychoanalyse auch sonst gefordert ist.

Überblicken wir diese sechs Voraussetzungen, so scheint das Unternehmen der Objektivierung unbewußter Kommunikationsprozesse aus grundlegenden Erwägungen heraus unrealisierbar zu sein, namentlich wegen der Punkte 4 bis 6. Denn die Bedingungen des nüchternen Experimentes einerseits – das wissenschaftliche Verifizierung ermöglichen würde – und der Wahrung der besonderen Sphäre einer individuellen psychoanalytischen Therapiesituation andererseits schließen sich gegenseitig aus.

Vor der Beschreibung des methodischen Ansatzes, der die Lösung dieser Schwierigkeiten ermöglicht, so daß unter Berücksichtigung aller oben angeführten sechs Bedingungen der Beweis für die unbewußten Kommunikationsprozesse in der Psychoanalyse erbracht werden kann, sind noch einige wissenschaftliche Grundfragen zu erörtern.

2. ZUM BEGRIFF DER OBJEKTIVIERUNG IN DER PSYCHOLOGIE

Die Psychologie hat zwischen den reinen Naturwissenschaften und den Geisteswissenschaften eine Schlüsselstellung inne, die in der Leib-Seele-Einheit begründet ist. Der Anspruch auf Objektivität darf darum nicht ausschließlich auf die Prinzipien der exakten Naturwissenschaften eingeschränkt werden. Klassische Grundbedingung naturwissenschaftlich einwandfreier Verifizierung ist die Wiederholbarkeit eines fraglichen Vorganges unter methodisch vorbereiteten, exakten und rational überschaubaren Bedingungen, d. h. in der Experimentalsituation. Kennzeichnend für das Experiment ist, daß wir bewußt und planend, in vorausschauender Überlegung die Bedingungen eines Vorganges schaffen, um ihn in der Eigenart seiner Erscheinung und in der Gesetzmäßigkeit seines Verlaufes beobachten zu können. [26] (Lersch S. 56).

Die hervorragende Bedeutung der experimentellen Forschung auf dem Gebiet der Physik und Chemie beruht auf drei Kernpunkten: der Rückführung der Wirklichkeit auf einfachste Bestandteile und Gesetzmäßigkeiten, deren Bestimmung durch Maß und Zahl und auf dem kausalmechanistischen Erklärungsprinzip.

Die Anwendung des Experimentes auf die Psychologie ist aus vielen Gründen problematisch, allein schon deswegen, weil das Experiment dem Integrationszusammenhang und dem organischen Ganzheitscharakter des seelischen Lebens zuwiderläuft. Objektivierbar sind meist nur die dem Seelischen «vorgeschalteten» physiologischen Apparate und bestenfalls noch gewisse psychische Elementarfunktionen. So sind z. B. gewisse körperliche Begleitreaktionen psychischer Erlebnisse meßbar, wie Erröten, Herzklopfen, Pupillenerweiterung, des elektrischen Widerstandes in der Haut u. ä.

Auf dieser Ebene der Forschung sind in jüngster Zeit aufschlußreiche Resultate für die Psychologie gewonnen worden. Besonders im Gebiet der *Physiologie des Schlafes* ließen die verfeinerten Untersuchungsmethoden interessante Rückschlüsse über bestimmte allgemeinere Daten der unbewußten Seelenprozesse im Schlaf zu. Die elektroencephalographische Aufzeichnung der nächtlichen Hirnreaktionen und der Augenbewegungen brachten eine Revision der bislang herrschenden Hypothesen über Häufigkeit und Zeitdauer der *Traumtätigkeit,* was vor allem durch die Untersuchungen von Kleitmann und seinen Mitarbeitern in Chicago sowie von Aserinsky und Dement gezeigt wurde [30] (Oswald 1966).

18

Sehr aufschlußreich für die Psychologie des Unbewußten sind auch die ausgedehnten wissenschaftlichen Untersuchungen des menschlichen Verhaltens in der *Hypnose*. Sie ergaben eine Fülle von Tatbeständen, die namentlich für das Verständnis leib-seelischer Zusammenhänge von hohem Interesse sind. Hier zeigte sich die enge Verflochtenheit von seelischen und physiologischen Prozessen in der Möglichkeit, praktisch jedes Organ auf dem Umweg über den hypnotischen Zustand zu beeinflussen. Nicht nur gelang es, die Schmerzreaktion vollständig auszuschalten, so daß Kropf- und Gallenblasenoperationen u. ä. ohne jede allgemeine oder örtliche Anästhesie störungsfrei durchgeführt werden konnten [32] (Schultz, S. 79,) sondern auch die Tätigkeit der dem bewußten Erleben ganz unzugänglichen Organe wie z. B. der Hormondrüsen oder der Nieren in wissenschaftlich einwandfrei kontrollierbarer Weise zu beeinflussen. Ein eindrückliches Beispiel dafür ist die von meinem Assistenten W. Koch durchgeführte Arbeit in der psychosomatischen Station des Kantonsspitals Luzern. Bei einem schwer herzkranken Patienten mit darniederliegender Nierentätigkeit und wassersüchtigen Anschwellungen gelang es, auf rein hypnotischem Wege eine signifikante Steigerung der Nierenfunktion zu erreichen. Sie war stärker als die Wirkung der vorher zur Ausschwemmung der Ödeme vom Internisten verabreichten spezifischen Medikamente (Diuretica und Herzmittel) [25].

Den sorgfältigen experimentellen Forschungen auf dem Gebiet des ärztlichen Hypnotismus verdankt die Medizin die wichtigste praktisch brauchbare Behandlungsmethode auf dem Gebiet der sog. kleinen Psychotherapie, das *autogene Training* von J. H. Schultz [31].

Im Hinblick auf die große Zahl der wissenschaftlichen Veröffentlichungen über ärztliche Hypnose muß aber doch festgestellt werden, daß die in diesem Forschungsbereich erzielten Wissensdaten bei aller Fülle an exakten Einzeltatbeständen über den Menschen als individuelle Person nichts Wesentliches auszusagen vermögen. Sie orientieren nur über gewisse mehr *anonyme Bereitschaften* des Seelischen, indem eher «apparative» Vorgänge als ganzheitliche Erlebnisvollzüge erfaßt werden.

Auch die großartigen Forschungen der *Neuropsychologie,* welche im wesentlichen eine Verbindung von Neurophysiologie, experimenteller Psychologie und psychiatrischer Klinik darstellt, führen hier nicht grundlegend weiter. Selbst die Entwicklung der Mikrotechniken mit ihren feinsten elektrophysiologischen und neurochirurgischen Untersuchungsverfahren stößt bei der Abklärung höherer psychischer Funktionen an unüberwindliche Grenzen, wie dies neuerdings Benedetti ausdrücklich festgestellt hat. Denn es wird «auch in der Zukunft die Grenze zwischen naturwissenschaftlich eruierbaren, von außen zu beschreibenden Vorgängen und subjektivem Erlebnis nach wie vor unumstößlich sein. Dies bleibt ein philosophisches Axiom ... So lassen sich die Endresultate der psychischen Funktionen nur in unserm Angesprochenwerden durch sie und niemals durch ihre mikrophysiologische Fragmentierung erfassen (1) (Benedetti, S. 1208).

In der Fragestellung der Objektivierung des Unbewußten, die wir uns vorgenommen haben, geht es aber gerade um die Erfassung übergeordneter Zusammenhänge im ganzheitlichen Verhalten der Person, wie sie sich in der menschlichen Beziehung, nämlich im wechselseitigen Verhältnis zweier Individuen in der hochkomplexen Situation der Psychoanalyse zeigen. Es handelt sich also um eine wesensmäßig andere Dimension als jene der abgegrenzten, mehr oder weniger isolierten zähl- und meßbaren Einzelfunktionen.

In der grundsätzlichen Frage, ob die psychoanalytische These, das Unbewußte des Arztes könne direkt mit dem Unbewußten des Patienten in Beziehung treten, auch *objektiv* beweisbar sei, geht es nicht um das Aufzeigen der Übereinstimmung von Einzelfaktoren bei Arzt und Patient, sondern zuallererst und wesentlich um die *Komplexität dieser unbewußten Kommunikation als Ganzes;* unser Forschungsgegenstand ist somit ein psychischer Prozeß von hoher Differenziertheit. Besonders die Gestaltlehre [5] (Ehrenfels, S. 249–292) hat nachgewiesen, daß wir vom Ganzen ausgehen müssen, indem die aufweisbaren psychischen Einzelzüge erst innerhalb dieses Ganzen und in ihrer Bezogenheit auf das Ganze in ihrer Bedeutung richtig erfaßt werden können. Dies entspricht der besonderen Natur des Seelischen, seiner intensiven Mannigfaltigkeit, der eigenartigen Weise des Ineinanderseins alles Einzelnen innerhalb eines umgreifenden Ganzen, und der je einmaligen Besonderheit einer *konkreten Beziehungssituation* in ihrem inneren Aufbau, was in unserm Beweismaterial eindrücklich zum Vorschein kommt (vgl. das Bildmaterial von Arzt und Patient und dessen formale Analyse, S. 48 ff.). Die Entfaltung der natürlichen Spontaneität der beiden Einzelpersonen ist durch die gegebene Situation des *induktiven Zeichnens* in besonderem Maße gewährleistet. Um so überraschender ist das Ergebnis, daß – bei aller individuellen Besonderheit und Ausprägung des persönlichen Stils von Arzt und Patient – die *übereinstimmenden* Züge in der Gesamtdarstellung und die strukturelle innere Verwandtschaft der ohne Sichtverbindung ausgeführten Zeichnungen beider Partner der therapeutischen Situation unverkennbar zum

Ausdruck kommen. Das kommunikative Geschehen ist eben nicht ein partikuläres, sondern ein umfassendes, den Menschen in seinem gesamten Sosein konkret im Jetzt und Hier der Psychoanalyse auf eine einmalige und unwiederholbare Weise konstellierendes.

3. WISSENSCHAFTLICHE OBJEKTIVIERUNG UND THERAPEUTISCHE KOMMUNIKATION

Das Grundprinzip wissenschaftlich einwandfreier *Verifizierung* ist die Wiederholbarkeit eines Ablaufes unter kontrollierbaren Bedingungen, also im *Experiment*. Diese Reproduzierbarkeit läßt sich aber in der psychoanalytischen Situation nicht herstellen, sie läuft dem Wesen der Psychoanalyse zuwider. Würde man die psychoanalytische Situation als Experimentiersituation arrangieren, so würde damit *ihr therapeutischer Kern zerstört*. So blieb bis jetzt als einziger Weg der Evidenzvermittlung in bezug auf die unbewußten psychodynamischen Prozesse die persönliche Erfahrung in der therapeutischen oder in einer Lehranalyse. Beispiele *subjektiver* Wahrnehmungen einer unbewußten gegenseitigen Abstimmung von Arzt und Patient sind von manchen Autoren publiziert worden. So berichtet z. B. Searles in einer eingehenden Studie über «Die Empfänglichkeit des Schizophrenen für unbewußte Prozesse im Psychotherapeuten» von erstaunlichen Beobachtungen aus der psychotherapeutischen Arbeit mit geisteskranken Patienten [33] (S. 231–343). Ein eindrückliches Beispiel schildert Maeder in seinem Rückblick «Zur geschichtlichen Entwicklung der prospektiv-finalen Konzeption» [27] (S. 53). Jung spricht hinsichtlich der unbewußten Wechselwirkungen in der Psychotherapie von «irrationalen Beziehungsfaktoren, welche gegenseitige *Wandlung* bewirken», wobei die unbewußte Beeinflussung des Arztes durch den Patienten gelegentlich zu seelischen Störungen führen könne [20] (S. 77).

Im folgenden ist nun das Vorgehen zu beschreiben, welches erlaubt, die beiden sich ausschließenden Bereiche des wissenschaftlichen *Experiments* und der *psychoanalytischen Therapiesituation* in eine fruchtbare Beziehung zu bringen. Dies wurde erreicht, indem ich in der psychoanalytischen Situation auf eine bestimmte Art, welche ich das *induktive Zeichnen* nenne, und unter besondern Voraussetzungen, die nachher im einzelnen beschrieben werden, mit dem Patienten gleichzeitig kritzelte. Später wurde das gewonnene Zeichenmaterial von Arzt und Patient *außerhalb der Therapiesituation* den Bedingungen des wissenschaftlichen Experimentes unterzogen.

Die Objektivierung ließ sich also dadurch erreichen, daß psychoanalytische Situation und experimentelle Verifikation *konsequent getrennt* wurden. Durch diese Trennung bleibt bei der Methode des induktiven Zeichnens die therapeutische Situation gewahrt. Der graphische Niederschlag des Zeichnens ist unter Beobachtung der später zu erörternden Bedingungen ein rein therapeutisches Geschehnis. Nachträglich kann dieses Dokument außerhalb der Therapie, ohne diese zu beeinträchtigen, für die wissenschaftliche Verifizierung den Bedingungen des Experimentes unterworfen werden. Auch das Arztgeheimnis wird durch dieses Verfahren nicht berührt; denn die gegenstandsfreien Kritzeleien bieten keine Anhaltspunkte zur Identifizierung der Person, zumal ja nicht psychische Inhalte, sondern formale Abläufe zur Darstellung gelangen.

Vor der Beschreibung des Vorgehens sind noch einige Bemerkungen über die spezielle Art des therapeutischen Zeichnens nötig, die hier zur Anwendung gekommen ist.

4. GRUNDLEGENDES ZUM THERAPEUTISCHEN ZEICHNEN

Für die therapeutische Anwendung von Zeichnen und Malen spielen die Kategorien des Ästhetischen keine Rolle. Begabung und zeichnerisches Können bedeuten eher eine Gefahr, indem sie den Patienten dazu verleiten, etwas Schönes machen zu wollen, dem Therapeuten und sich selbst durch eine Leistung zu gefallen. Auf diese Schwierigkeit wird man vor allem bei den zeichnerisch Geübten aufmerksam, aber auch bei Unbegabten kann sie eine Rolle spielen, indem die Patienten manchmal aus geheimem Leistungsehrgeiz heraus die therapeutische Anregung zum Zeichnen mit der Begründung negieren: «Ich kann doch überhaupt nicht zeichnen.»

Die Erfahrung mit den Analysanden lehrt, daß therapeutisches Zeichnen sich wesentlich von künstlerischen Bestrebungen unterscheidet und eigenen Gesetzen zu folgen hat. Um es für die analytische Arbeit fruchtbar zu machen, muß grundsätzlich vom Bedürfnis nach schöner Malerei, überhaupt von jedem Leistungs- und Kunstwirken abgesehen werden. Aus diesem Grund habe ich das *unthematisierte* (nicht gegenständliche, abstrakte) Zeichnen in das Zentrum meiner therapeutischen Methodik gestellt. Unter dem Ausdruck «abstrakt» ist hier naturgemäß etwas anderes zu verstehen als in der Kunstrichtung der abstrakten Malerei, welche ja im nichtgegenständlichen Schaffen große kompositorische Begabung voraussetzt. Bei der Methode des abstrakten therapeutischen Zeichnens handelt es sich jedoch um unreflektiertes, absichtsloses, kunstloses und freies Spielenlassen von augenblicklichen Impulsen, Gefühlen, Stimmungen oder Affekten mit Zeichenstift und Farbe. Sie sind in formaler Hinsicht gleichsam ein freies Assoziieren in averbalen Ausdrucksformen. Der Analysand fühlt die Unabhängigkeit von Vorschriften und die Freude des Selbstgestaltens. Er bewegt sich in einem Vorfeld des freien Willens.

Gegenständliches Arbeiten ist solcher Freiheit abträglich; denn das Zeichnen von Menschen, Landschaften, Dingen, Pflanzen, Tieren und Symbolen erfordert ein gewisses Minimum an technischer Fähigkeit, bringt formale Schwierigkeiten der Gestaltung, beansprucht die reflektierende Aufmerksamkeit und konstelliert ganz von selbst ein Maß an bewußter Konzentration, das gerade jenes freie Strömenlassen des Unbewußten nicht mehr gewährleistet, welches wir therapeutisch ermöglichen wollen. Das ursprüngliche, unbekümmerte und absichtslose Sichausdrücken im formalen Vollzug des Zeichnens selbst – also nicht etwa *vermittels* der Zeichnung – ist aber gerade das therapeutisch Entscheidende dieser Methode. Das zeigt sich namentlich in zwei Problemkreisen, die mit der Verfeinerung der analytischen Therapie eine große praktische Bedeutung gewonnen haben: Erstens bei den schwer gehemmten, d. h. bei teilweise oder kontinuierlich im verbalen Bereich ausdrucksunfähigen Analysanden, z. B. bei Charakterneurosen [29]. Zweitens überall dort, wo die Psychoanalyse in jene archaischen Tiefenbezirke der präverbalen Strukturen vordringt, für welche die Sprache nicht mehr ausreicht. In beiden Fällen liegt ein technisches Problem der Behandlung für den Patienten darin, daß er sich mit *Worten* nicht mehr oder doch *nicht adäquat* auszudrücken vermag. Für das Erschließen dieses Bereiches der Primärvorgänge stellt das von keinen technischen Problemen belastete *elementare* Zeichnen ein adäquates Mittel dar, weil es unter Umgehung der verbalen Beziehungsschwierigkeit jene Unmittelbarkeit ermöglicht, die der Verfassung des Patienten am besten entspricht. Die Aufgabe *bildhaften* Zeichnens, ob mit gegenständlichen oder symbolischen Gestaltungsmitteln, verhindert oder erschwert aber diese Unmittelbarkeit des Ausdrucksvollzuges.

Diese Ausführungen bedeuten nicht eine Ablehnung bestimmter vielgeübter Verwendungsmöglichkeiten des therapeutischen Zeichnens, welche in gegenständlicher oder symbolischer Darstellungsart *thematisch* arbeiten; wir finden diese Richtung namentlich – wenn auch keineswegs als einzige – in Publikationen aus dem Jungschen Arbeitskreis vertreten. Die thematischen Methoden behalten, im rechten Sinn angewendet, durchaus den ihnen eigentümlichen therapeutischen Wert. Man muß sich aber Klarheit darüber verschaffen, daß hier wie dort sowohl das methodische Vorgehen wie die therapeutische Wirkungsweise von verschiedener Art sind. Bei den thematisch orientierten Methoden wird in der Regel das vollendete Bild als Manifestation von unbewußten *Inhalten* untersucht. Die therapeutische Auswertung beruht vorzugsweise darin, daß es einer motivischen Analyse unterzogen und allenfalls mit dem Patienten zusammen gedeutet wird.

Bei der zur Objektivierung des Unbewußten herangezogenen Methode des *unthematisierten* Zeichnens hingegen ist das therapeutisch wirksame Geschehen ganz und gar im Vorgang des Zeichnens selbst, also im *formalen* und *funktionellen* Bereich zu suchen. Was das Bild darstellen oder ausdrücken könne und was es bedeutet, ist unwichtig. Ich sehe ausdrücklich von der Frage ab, ob es überhaupt ein «Bild» wird und inwiefern es

Gestaltwerdung von unbewußten Inhalten (Motiven, Themen) sei. Nur das Zeichnen als Prozeß ist in diesem Zusammenhang von Interesse. Auf eine Formel gebracht: Im unthematisierten Zeichnen liegt der Sinn und die therapeutische Wirkung im *Wie* des Zeichnens, bei der interpretierenden Methode im *Was*.

5. DIE ROLLE DES FORMALEN
IM THERAPEUTISCHEN ZEICHNEN

In den ersten Jahrzehnten unseres Jahrhunderts standen die neurotischen *Symptome* im Brennpunkt des psychologischen Interesses. Dem *Charakter* des Kranken wurde zunächst keine besondere Aufmerksamkeit geschenkt. Der Analytiker möchte viel eher wissen, schrieb Freud im Jahre 1915, «was seine Symptome bedeuten, welche Triebregungen sich hinter ihnen verbergen und durch sie befriedigen, und über welche Stationen der geheimnisvolle Weg von jenen Triebwünschen zu diesen Symptomen geführt hat» [8] (1915, S. 364).

Mit wachsender Einsicht in die komplexen *Strukturen* der menschlichen Person wurde immer deutlicher, daß jedes Symptom im Grunde durch die Charakterstruktur präformiert ist. «Symptome» sind immer eine spezielle Ausdrucksform dieser Strukturen. Nach K. Horney besteht der einzige Unterschied zwischen Symptom und neurotischen Charakterschwierigkeiten darin, daß man bei den Symptomen den Eindruck einer *scheinbaren* Unabhängigkeit von der Charakterstruktur bekommen kann [15].

Aber nicht nur die charakterlichen Schwierigkeiten und die Symptome, sondern *jede seelische Ausdrucksgestalt* wird von der persönlichen Struktur in spezieller Weise geprägt. Sie ist Zeugnis eines in der individuellen Entwicklung aufgebauten und herausgeformten Erlebnis- und Verhaltensgefüges des Menschen.

Die empirische Forschung der vergangenen Jahrzehnte, welche diese innere Determinierung alles Seelischen von der komplexen Charakterstruktur der Person her in sorgfältigen Einzelanalysen erhellte, hat damit bestätigt, was Freud in genialer Intuition schon im Jahre 1901 als Grundthese postuliert hat: Daß alles Seelische determiniert sei – was nicht zu verwechseln ist mit einem philosophischen Determinismus in bezug auf die menschliche Person als Ganzes im Sinn einer Leugnung der Willensfreiheit. Der Freudsche Begriff des psychischen Determinismus sagt zunächst nur, daß bei sorgfältiger Analyse auch unerklärlich erscheinende psychische Leistungen «als wohlmotiviert und durch dem Bewußtsein unbekannte Motive determiniert» erscheinen [7] (1901, S. 267).

Auf einem neuen Weg bringen die Erfahrungen mit der *Methode des induktiven Zeichnens* einen Beitrag zur These von der Determinierung alles Seelischen: indem sie nämlich nicht inhaltlich interpretierbare

Thematik zutage fördert, sondern rein formale Strukturen «zufälliger» Manifestationen des Seelischen aufweisen läßt. Ich benütze dazu in der analytischen Situation entstandene unthematisierte Zeichnungen. Solche «abstrakten» Kritzeleien sind *ichferne* Abläufe. Nicht bestimmte Denkinhalte, kein umrissenes Thema, kein konkretisierbares «analytisches Material» sind darin ausgedrückt; auch die Art der zeichnerischen Darstellung ist nicht, wie dies bei vielen abstrakten Kompositionen der modernen Kunst der Fall ist, thematisiert. Die angewendete Technik der Strichführung, der Raumeinteilung, der Farbverwendung hat nichts Gewolltes oder Überlegtes. Alles ist, vom Bewußten her gesehen, planloses Zufallsgeschehen. So haben wir tatsächlich in dieser Methode eine Möglichkeit, direkt in unbewußte strukturelle Gegebenheiten und Prozesse Einblick zu gewinnen. Wir können z. B. verfolgen, wie eine formal erfaßbare innere Befindlichkeit bei derselben Person in verschiedenen Therapiestunden charakteristische Änderungen durchmacht (vergl. die Abbildungen III, VII, VIII, IX auf S. 48), wie sie sich in spezifischer Weise auf den Partner abstimmt (vergl. die Zeichnungen von Arzt und Patient aus jeweils einer Sitzung) und wie sich im Laufe des psychotherapeutischen Heilungsprozesses Strukturen differenzieren, entwickeln und zu Gebilden höherer Ordnung zusammenfügen.

Das induktive Zeichnen erlaubt uns, den formalen Verlauf averbaler zwischenmenschlicher Prozesse in der Arzt-Patient-Beziehung objektiv zu beobachten. Wir stellen anhand der Zeichnungen von Arzt und Patient fest, daß in der Analyse *unbewußte* Prozesse in ihrer Gesamtheit und in einzelnen formalen Aspekten – unabhängig von der Ichkontrolle – wechselweise konstelliert werden.

Dies wirft ein neues Licht auf grundlegende psychologische Begriffe wie Intuition, Einfühlung, Kommunikation, Identifikation, Projektion, Anpassung, Wahrnehmen und Verstehen und ermöglicht ein ganzheitlicheres Verständnis dieser Vorgänge.

Wahrnehmen und Verstehen von Fremdseelischem sind die Voraussetzung für jede psychoanalytische Tätigkeit. Die Methode des induktiven Zeichnens gibt uns einen tieferen Einblick in diese schwer zugänglichen und höchst komplizierten geistigen Vollzüge. Auf empirischem Weg vermag sie objektiv nachzuweisen, daß das Wahrnehmen *vor* jedem Erfassen von konturierten seelischen Fakten und seelischen *Gehalten* (Gedanken, Erinnerungen, Fantasien, Ideen, Bildern, also inhaltlich thematisiertem Material) ein sehr differenziertes gestalthaftes Wahr-nehmen von komplexen strukturellen *Vor-gängen* ist. Erst auf dieser ganzheitlich gestalthaften intuitiven Wahrnehmung seelischer Phänomene integrativer Ordnung – die sich vorwiegend unbewußt vollzieht – baut sich dann die konkretere Wahrnehmung einzelner inhaltlich umschriebener, thematischer Seelenprozesse auf: Etwa das intuitive Erfassen, daß dieses bestimmte Schweigen des Patienten durch Schuldgefühle wegen aggressiver Regungen dem Arzt gegenüber motiviert ist. Die formalen Abläufe, die den seelischen Inhalten vorausgehen und ihnen als potentielle Bereitschaften zugrunde liegen, sind, wie unsere Bilderfolge nachweist, nicht starr (wie z. B. die tragende Eisenkonstruktion eines modernen Bauwerkes); sie sind vielmehr der Ausdruck beweglicher, dynamischer, grundsätzlich wandelbarer, ordnungshafter Gefüge von organischer Lebendigkeit. Die im Erleben und Verhalten sich zeigenden Züge des Menschen ruhen auf einem «tragenden Grund von gefüghaft gegliederten und gestalthaft aufgebauten, potentiellen Dispositionen (Bereitschaften)» [3] (Binder, S. 35).

6. FORM UND INHALT DES SEELISCHEN

Die Unterscheidung seelischer Strukturen von seelischen Inhalten ist in grundsätzlicher Hinsicht möglich und stellt eine denkerische Notwendigkeit dar, da sie tatsächlich wesensverschiedenen seelischen Gegebenheiten entspricht. Die Berechtigung dieser Unterscheidung wird auch dadurch nicht geschmälert, daß im Selbst die Mannigfaltigkeit der psychischen Funktionen einerseits und der Gehalte andererseits aufs innigste verbunden und geeint wird. Darum spricht Lersch vom seelischen Integrationszusammenhang, bei dem eine Einzelheit überhaupt nur akzentuierend, nicht abgrenzend herausgehoben werden kann [26] (S. 25). Nach Jaspers sind Wahrnehmen, Denken, Fühlen und Streben *Formen* seelischer Phänomene. «Sie bezeichnen die Daseinsweise, in der uns Inhalte gegenwärtig sind» [16] (S. 50). Den Patienten sind meist die Inhalte das allein Wichtige. Auf die Art der Gegebenheit vermögen sie sich oft gar nicht zu besinnen. Über das Verhältnis von Form und Inhalt sagt Jaspers: «In allem Seelenleben ist immer ein *Subjekt* auf etwas *Gegenständliches* gerichtet. Dies Gegenständliche im weitesten Sinne nennt man den Inhalt des Seelenlebens, die Art dagegen, wie das Individuum den Gegenstand vor sich hat (ob als Wahrnehmung, als Vorstellung, als Gedanke), die Form» [16] (S. 50). Dynamische Funktionen wie z. B. die Verschiedenheit der Temperamente, sind gekennzeichnet durch «die *formalen* Eigenarten der funktionellen *Abläufe,* also hauptsächlich Ansprechbarkeit, Tiefe, Dauer, Intensität, Tempo und Entäußerungsweise sowie ihre Färbung durch die Stimmungen (inhaltslose Gefühlszustände)» [3] (Binder, S. 37). Temperamentseigenschaften, in denen keine gerichtete Zuwendung auf bestimmte Inhalte der Welt, sondern nur die Kennzeichnung einer formalen Ablaufsweise des Psychischen liegt, sind «Empfänglichkeit, Erregbarkeit, Aufwühlbarkeit, Innerlichkeit, Nachhaltigkeit, Haltlosigkeit, Impulsivität, Unbeherrschtheit, Hastigkeit, Gründlichkeit, Aufgeschlossenheit, Verkrampftheit, vitale Heiterkeit und Schwermut» [3] (Binder, S. 38); ferner Abwechslungsdrang, Tiefe des Erlebens und Abspaltungsfähigkeit.

Demgegenüber sind seelische *Gehalte* definiert als «Gestaltungen des Bildes meiner Welt [3] (Binder, S. 35). *Inhaltliche* Grundstrebungen des Seelenlebens sind z. B. die Vitaltriebe zur Lebenserhaltung wie Nahrungs-, Bewegungs- und Geschlechtstrieb usw.; ferner triebhafte Strebungen zur Selbstbehauptung wie Aneignungs- und Besitz-, Geltungs- und

Machtstrebungen sowie zur Selbsterweiterung wie erotische und soziale Strebungen; endlich geistige Strebungen zur Selbsthingabe an überindividuelle Ideen in theoretischen und moralischen, ästhetischen und religiösen Haltungen.

Diese inhaltlichen Strebungen sind alle gekennzeichnet durch ein wesensmäßiges Gerichtetsein auf ein *Ziel*, also eine Zuwendung zu bestimmten *Weltgehalten*. Mit seelischen Funktionen hingegen sind nichtgerichtete, inhaltslose, *formale* Eigenarten der seelischen Abläufe gemeint [3] (Binder, S. 37). Seelische Inhalte umfassen «die anschaulichen oder unanschaulichen ‹Bilder› dessen, *was* wahrgenommen, gedacht, gefühlt oder erstrebt wird, d. h. eben die Weltgehalte» [3] (Binder, S. 29).

Die Bedeutung, welche dem Formalen im induktiven Zeichnen zukommt, liegt nicht zuletzt auch darin, daß philosophische Aussagen über das, was mitmenschliche Beziehung wesenhaft ausmacht, nun auch von der empirischen Methodik her unterbaut werden können. Die Methode des induktiven Zeichnens läßt den Sachverhalt deutlich werden, daß allein schon das tatlose *Dasein* eines schweigenden Partners in der Psychoanalyse zur Folge hat, daß ich nicht mehr der Gleiche bin, ja, gar nicht mehr der Gleiche sein kann, der ich war, als ich mich allein befand. Ohne absichtliches Dazutun des Partners bin ich bezogen durch ihn und bezogen auf ihn, bin ich schon anders. Die uralte philosophische Auffassung, daß wir wirken durch das, was wir sind, und nicht nur durch das, was wir tun, findet durch die Objektivierung unbewußter zwischenmenschlicher Wechselwirkungen im induktiven Zeichnen von Arzt und Patient eine experimentelle Stütze.

7. DIE METHODE DER OBJEKTIVIERUNG
UNBEWUSSTER INTERPERSONELLER PROZESSE

Eine psychologische Voraussetzung für die formale Analyse der spontanen Kritzeleien im induktiven Zeichnen ist das Phänomen des Zusammenhanges und der inneren Determinierung alles Seelischen. Nichts Seelisches ist zufällig. Die spontan und beiläufig entstandenen absichtslosen «Zufallsprodukte» des Seelenlebens ohne Zweck und Inhalt – das zeigen die Beispiele – werden ebenso von der Gesamtverfassung der Persönlichkeit bestimmt wie eine «sinnvolle» und bewußt gelenkte psychische Tätigkeit. Die Objektivierung zwischenmenschlicher unbewußter Vorgänge setzt voraus, daß Manifestationen des Unbewußten *beider* Partner, also des Patienten und des Arztes zugleich, als Material vorliegen, um einer formalen Analyse unterzogen zu werden. Diese Forderung ist durch die Methode des induktiven Zeichnens realisierbar. Dabei zeichnen Arzt und Patient gleichzeitig, aber räumlich so voneinander getrennt, daß eine Beobachtung oder *Wahrnehmung dessen, was der Partner zeichnet, nicht möglich ist.*

Nachträglich kann dann unabhängig von der Psychotherapie-Situation dieses «Zufallsprodukt» einer absichtslosen Kritzelei nach formalen Gesichtspunkten untersucht werden, wobei sich eindrückliche Struktur-Relationen zwischen der Zeichnung des Analytikers und der des Analysanden ergeben. *Die Zeichnungen sind der graphische Niederschlag einer unbewußten Wechselwirkung der beiden Partner,* die anhand der formalen Übereinstimmung der Kritzeleien von Arzt und Patient objektiv nachgewiesen werden kann. Die jeweilige unbewußte Konstellation der Beziehung, die gemäß der inneren Verfassung des Analysanden und des Analytikers von Mal zu Mal wesentlich verändert sein kann, läßt sich auf Grund formaler Kriterien verifizieren. Auf diesem Weg kann die zentrale Hypothese der Psychoanalyse von der unbewußten Wechselwirkung zwischen Arzt und Patient objektiv belegt werden. Was Kemper sehr zutreffend als *funktionale Einheit* von Übertragung und Gegenübertragung in der Psychoanalyse bezeichnet [23], wird mit den gleichzeitig entstandenen Kritzeleien von Arzt und Patient direkt sichtbar gemacht.

8. DAS SCHWEIGEN IN DER PSYCHOANALYSE

a) Das Schweigen als Voraussetzung für die Objektivierung

Eine wesentliche Voraussetzung für die Objektivierung *unbewußter* interpersoneller Wechselwirkungen liegt darin, daß nicht nur während des Zeichnens, sondern auch vorher keine bewußte gegenseitige Beeinflussung stattfand. Damit das unbewußte Material wissenschaftlich einwandfrei beweiskräftig ist für die These Freuds, daß der Analytiker mit seinem Unbewußten das Unbewußte des Analysanden auffange, muß das induktive Zeichnen aus solchen Therapiestunden stammen, in denen vor dem Zeichnen vom Beginn der Stunde an dauernd geschwiegen wurde. Nur unter dieser Bedingung gelingt der Nachweis unbewußter interpersoneller Aktionen, ohne daß also etwas dem Bewußtsein Faßbares, etwa ein Denkinhalt, eine Vorstellung, ein Wort als Bedeutungsträger vermittelt worden war. Das schweigende Beisammensein des Analytikers mit dem Analysanden ist ein therapeutisches «Tun», das nicht selten eine bedeutendere Wirkung hat als sichtbare Aktionen. Allerdings ist das therapeutisch fruchtbare Schweigen – das vom bloßen Nichtsprechen wesensverschieden ist – eine schwer zu erlernende Kunst.

b) Das Schweigen als therapeutische Haltung

Dadurch, daß der Arzt mit bereitwilligem Verständnis sich der seelischen Not des Patienten annimmt, setzt er sich mit seiner ganzen seelischen Disponibilität bewußt und freiwillig auch der Induktionswirkung der unbewußten Strömungen von seiten des Patienten aus. Der Analysand beginnt ihn «zu beschäftigen». Es ist eine unbewußte Verbindung eingetreten, die den Arzt persönlich affiziert. Je mehr der Arzt fähig ist, seine psychischen Qualitäten zu einem Instrument der Beziehung zu machen, sich den unbewußten Ausstrahlungen des Patienten nicht zu entziehen, sondern für alles im Partner Vorgehende möglichst offen zu sein, um so präziser wird auch beim Therapeuten das entsprechende unbewußte «Material» konstelliert und aktiviert.

Die Methode des induktiven Zeichnens ist nun besonders geeignet zu zeigen, daß die bisherige Auffassung der Übertragung als einer Induktion von unbewußten psychischen *Inhalten* (d. h. von thematisch umrissenen, motivisch bestimmten Konstellationen wie z. B. dem Bedürfnis nach sexueller Erfüllung, Macht, Anerkennung, Verstandenwerden, Geborgenheit, Zärtlichkeit, Kampf, Beschenktwerden usw.) ungenügend und einseitig ist. Die auf Seite 48 ff. abgebildeten Zeichnungen aus dem Unbewußten von Arzt und Patient in der analytischen Situation bringen Psychisches ohne inhaltliche Thematisierung zum Ausdruck, das in seinen *formalen* Aspekten untersucht werden kann. Die Methode des induktiven Zeichnens gestattet uns also, die Übertragungsphänomene in einer differenzierteren Weise aufzufassen. Diese schließen erstens unbewußte strukturelle Bereitschaften und Haltungen und zweitens thematische Einstellungen in sich.

Es ist wichtig, diese *Differenzierung zwischen Übertragung* von *Inhalten* oder thematischen Motiven einerseits und der *Konstellierung* gleichsinniger *formaler Dispositionen* andererseits zu machen. Der Begriff Konstellierung trägt diesem Vorgang besser Rechnung als der Begriff der Übertragung. Wie in den Abbildungen zu zeigen sein wird (siehe «formale Analyse» auf S. 45 ff.), werden in den beiden Partnern der psychoanalytischen Situation im Schweigen auf unbewußtem Weg je verwandte seelische Bereitschaften zur Resonanz gebracht. Das dabei eventuell auch angeregte Material seelischer *Inhalte* ist dann nicht das Primäre, sondern bereits die Konkretisierung einer ungegenständlichen strukturellen Disposition, die dem Bild, dem Motiv zugrunde liegt. Letzteres ist Kristallisationspunkt und sichtbarer Ausdruck einer psychischen Struktur.

In ähnlicher Weise treffen wir auf das Verhältnis von seelischen Strukturen zu Inhalten, wenn wir die historische Wandlung der Bedeutung, die dem *psychischen Trauma* für die Entstehung einer Neurose zugeschrieben wird, ins Auge fassen. Anfänglich wurde von Breuer und Freud [4] (1895, S. 84) ein bestimmtes Ereignis in der Jugend des Patienten als «Ursache» eines bestimmten Symptoms verantwortlich gemacht. Es ist darum als seelische Verwundung (psychisches Trauma) definiert worden. Seine Wirkung wird in gleicher Weise wie bei einer körperlichen Verletzung verstanden. Als ein Beispiel für viele sei der als «Wolfsmann» berühmt gewordene russische Patient Freuds erwähnt, dessen Zwangsneurose mit dem psychischen Trauma einer frühkindlichen sexuellen Verführung durch die Schwester verknüpft wird [9] (1918, S. 43). Mit fortschreitender Einsicht in die Entstehungsbedingungen der Neurosen verlor aber das konkrete psychische Trauma als Grundlage der Neurosenbildung gegenüber komplexeren strukturellen Zusammenhängen an Bedeutung. Es ist nicht die Ursache der Neurose, sondern bereits Symptom, Konkretisierung eines viel weiter zu fassenden strukturellen Geflechts von Milieueinflüssen, Umwelts- und Persönlichkeitsfaktoren, die die Voraussetzung und die Matrix des konkreten Erlebnisses – eben des seelischen Traumas – abgeben und die das dynamische Gewicht eines solchen Erlebnisses ausmachen.

In der psychotherapeutischen Praxis wird man sich in entsprechend differenzierter Weise für die beiden Dimensionen des «Materials» offenhalten müssen, das der Patient in die Analyse bringt. Wenn auch das konkrete Material als Bild, Erlebnis, Fantasie oder Traum für den Patienten die Hauptsache zu sein scheint, so muß der Psychoanalytiker um die komplexen strukturellen Dimensionen wissen und ihnen besondere Aufmerksamkeit schenken, wann immer er an einem isolierten Punkt des konkreten Materials arbeitet. Mit wachsender Einsicht ist es allmählich auch für den Patienten möglich und für den Tiefgang und die gründliche Wirkung der Psychoanalyse von eminenter Bedeutung, daß er sich dieser strukturellen Hintergründe und Verweisungszusammenhänge der Faktizitäten seines Lebens mehr und mehr bewußt wird und mit ihnen konstruktiv umzugehen lernt. Wo aber die Fähigkeit zu solcher Zusammenschau fehlt, wird ein adäquates Verständnis tiefenpsychologischer Tatbestände schwerlich erreichbar sein.

c) Das Schweigen als Paradigma der psychoanalytischen Situation

Wenn die Psychoanalyse auch für den darin nicht erfahrenen Leser in ihrer spezifischen Eigenart verständlich werden soll, so müssen wir an einem Punkt ansetzen, an dem die qualitative Besonderheit der analytischen Beziehung sichtbar wird. Wir gehen darum von einer Situation aus, wo die Arzt-Patient-Beziehung grundlegend anders ist als jede andere psychologisch hilfreiche Beziehung, etwa die Beziehung zu einem väterlichen Freund, einem Seelsorger oder einem psychologischen Beratungsfachmann. Nimmt man den verbalen Dialog als Ausgangspunkt, so kommt das Mißverstehen der Psychoanalyse fast unvermeidlich. Denn wer könnte sich dabei etwas anderes vorstellen als ein Gespräch, welches seine therapeutische Wirkung schlußendlich einer Art von Belehrung, Erklären von Zusammenhängen, Aufweisen von psychologischen Gesetzmäßigkeiten und Erteilen von Ratschlägen zu verdanken hat?

Nun ist aber das entscheidend Wirksame in der Psychoanalyse gerade nicht auf der rationalen, dem Bewußtsein zugänglichen Ebene zu finden.

Die Psychoanalyse ist eine *spezifische* Form der menschlichen Beziehung, die sich von jeder anderen partnerischen Situation in wesentlichen Belangen unterscheidet. In systematischer Weise wird das qualitativ Eigenständige der psychotherapeutischen Beziehung von Carlos Alberto Seguin im Buch «Der Arzt und sein Patient» herausgestellt. Er schreibt, daß sie «mit keiner einzigen andern Art von mitmenschlicher Liebe verwechselt werden darf. Es ist eine neue und einzigartige Weise des Liebens, die deshalb auch einen eigenen Namen verdient. Wir nennen diese Liebe den ‹psychotherapeutischen Eros›» [34] (S. 155). Ohne die mannigfaltigen Aspekte dieses Beziehungsganzen im einzelnen zu verfolgen, läßt sich doch sagen, worauf es ankommt, wenn wir von jener extremen Situation ausgehen, welche für den Außenstehenden auch die rätselhafteste ist: vom Schweigen in der Psychoanalyse. Nur nebenbei sei gesagt, daß das Schweigen nicht in dem Sinne zur Analyse «gehört», daß es im Verlauf einer therapeutischen Kur regelmäßig aufträte; es ist eine Ausnahmesituation, hat aber paradigmatischen Charakter. Der Patient schweigt, der Therapeut schweigt; vielleicht eine ganze Stunde, in manchen Fällen sogar eine Reihe von Stunden. Nichts «geschieht». Es können hier nicht die verschiedenen Arten der therapeutischen Möglichkeiten und Wirkungsweisen des Schweigens systematisch abgehandelt werden, sondern es soll nur ein Hinweis auf das Grundsätzliche gegeben werden.

Was vollzieht sich in solchem, das heißt therapeutischem Schweigen, das sich äußerlich in nichts von einem tatenlosen, leeren und beziehungslosen Schweigen unterscheiden läßt?

Zunächst einmal wird im Schweigen eine dem Aktivismus und dem Leistungsdenken unserer Zeit fast abhanden gekommene Einstellung wirksam, welche kreative Tendenzen entbindet: die *Geduld*, das Warten-können ist wichtig, und zwar auf Grund der Einsicht in die eigengesetzlichen Wachstumsprozesse menschlicher Entfaltung, Reifung und Entwicklung, die nicht durch technische Maßnahmen, Drängen und tätiges Dazutun willkürlich beschleunigt werden können. Der Psychotherapeut muß wie ein Gärtner die innere Gesetzlichkeit des Wachstums berücksichtigen, ganz im Gegensatz zur Eigenmacht des alles selberkönnenden Tatmenschen des technischen Zeitalters. Der Wunsch nach raschen Ergebnissen hemmt oft den organischen Gang der Entwicklung im therapeutischen Prozeß. Dem verständlichen Drang nach direkter Umsetzung von Wünschen (auch Helferwünschen) in die Realität ohne Rücksicht auf die inneren Gegebenheiten der menschlichen Natur und die Komplexität ihrer Entwicklungsschritte muß mit Vorsicht begegnet werden, gemäß dem Wort des Arztes Gottfried Benn: «Diese Tendenz zum Resultat, die so fatal einen Drang nach Sicherung bedeutete, die war es, die er nicht mehr teilen konnte» [18] (Irle, S. 107). Wird dies berücksichtigt, so können sich im Schweigen tiefgreifende therapeutische Wirkungen ereignen.

Das schweigende Miteinandersein von Arzt und Patient hat nicht nur eine umschriebene Wirkung etwa in dem Sinne, daß nach einer gewissen Zeit beiden wie zufällig derselbe Gedanke kommt; sondern die innere Gestimmtheit, die seelische Atmosphäre, eine Vielfalt von Gefühlen, affektiven Einstellungen und Haltungen werden durch unbewußte Kommunikationsprozesse bei beiden Partnern konstelliert. Daraus ergibt sich eine in jeder Stunde jeweils charakteristische Art von Dasein, eine übereinstimmende Gesamtverfassung von Arzt und Patient, auch ohne daß im Denken etwas davon faßbar zu werden braucht.

Wie lassen sich aber die komplexen psychischen Wechselwirkungen zwischen Arzt und Patient, welche in einer solchen Situation des Schweigens unbewußt ablaufen, objektiv erfassen und wie läßt sich ihre jeweilige formale Besonderheit darstellen? Es ist für den Leser wohl am einfachsten, wenn ich zunächst die Schilderung des Herganges der Entdeckung jener Methode folgen lasse, welche Einblick in diese unbewußten Kommunikationsprozesse gewährt.

9. DIE ENTDECKUNG DER METHODE DER OBJEKTIVIERUNG DES UNBEWUSSTEN

Die Entdeckung der Methode ist einem «Zufall» zu verdanken, ähnlich wie die Entdeckung der psychokathartischen Methode, jener Methode J. Breuers, welche der Ausgangspunkt der von Freud entwickelten Psychoanalyse war. Die von Breuer behandelte Patientin Anna O. «schilderte ihm einmal das erste Auftreten eines bestimmten Symptoms in allen Einzelheiten, und zu Breuers großer Verwunderung hatte dies zur Folge, daß das Symptom vollständig verschwand» [17] (Jones, S. 267). Die Patientin erkannte den Wert dieses Vorgehens und fuhr damit fort, was sie selber «The Talking Cure» nannte (1880–82).

Wie bei vielen wissenschaftlichen Zufallsentdeckungen hat sich auch die hier vorgelegte Methode im Rahmen einer jahrelangen Beschäftigung mit dem Forschungsgegenstand ergeben. Zunächst hatte ich die Bedeutung der Methode des induktiven Zeichnens für die Objektivierung des Unbewußten nicht erkannt (vergl. Beispiel X, S. 54). Diese Bedeutung ging mir erst in einer bestimmten therapeutischen Situation auf. Der entsprechende Abschnitt jenes Therapieverlaufes soll im folgenden dargestellt werden.

a) Kurze Kasuistik

Es handelt sich um eine 35jährige Frau aus kleinbürgerlichen, dörflichen Verhältnissen, deren Eltern, beide charakterlich verknorzt, aneinander vorbeilebten. Die Mutter war eine chronisch subdepressive Frau, die keine Wärme und Geborgenheit auszustrahlen vermochte, vielmehr durch schwelendes Mißtrauen und stumme Feindseligkeit eine drückende Atmosphäre um sich verbreitete. Oft hat sie den Mann und die Kinder in Zeiten gesteigerter Verstimmung durch hartnäckiges Schweigen, in welchem buchstäblich kein Wort über ihre Lippen gekommen sei, während Tagen und Wochen tyrannisiert. Der Vater führte einen kleinen Laden und lebte verdrossen im Schatten seiner Frau, der gegenüber er sich nicht zu behaupten vermochte. Jede Spontaneität der Gefühle wurde in dieser Familie im Keime erstickt, so daß Affekte nur noch in Form von explosiven Durchbrüchen unmittelbar zutage treten konnten. Die Patientin wurde in dieser drückenden Atmosphäre zu einem ängstlichen, trotzigen und verschlossenen Mädchen. Durch sein widerspenstiges Verhalten löste es unbewußt aggressive Affekte der Umgebung gegen sich aus. Zärtlichkeit habe die Patientin nie gekannt.

Nach einigen Ehejahren mit einem charakterlich dem Vater ähnlichen, in den persönlichen Gefühlsbereichen unzugänglichen Mann, von dem sie zwei Kinder bekommen hatte, wurde die Verkrampfung und seelische Einengung der Frau in einer schweren neurotischen Depression manifest. In den nun folgenden vier Jahren wurde die Patientin deswegen von einer Reihe von Ärzten behandelt und einmal unfreiwillig in eine Nervenklinik verbracht. Obwohl dies offenbar in Anbetracht der Schwere des Zustandes angezeigt gewesen war, empfand die Patientin die Einweisung als eine seelische Vergewaltigung. Dieses psychische Trauma und die trotz hoffnungerweckender vorübergehender Erfolge praktisch ergebnislosen psychiatrischen Maßnahmen verstärkten ihre Grundstimmung der tiefsitzenden Verzweiflung und Verbitterung. Nun griff sie zu Schlafmitteln, um ihr Elend wenigstens zeitweise zu betäuben. Sie wurde süchtig und geriet in trostlose Vereinsamung. In depressiv-resigniertem Zustand nahm sie Zuflucht zur Psychoanalyse, die ihr als letzte Möglichkeit angeraten worden war.

Es war außerordentlich schwierig, die Analysandin hinter ihren Mauern von Angst, Mißtrauen und trotziger Abwehr zu erreichen. Die tiefsitzenden Gefühle von schwelendem Haß und elementarer Angst vor einer neuerlichen Enttäuschung machten die Patientin für den Arzt zeitweise fast unzugänglich. Ihr Verhalten war von intensiven destruktiven Tendenzen beherrscht, die sich sowohl gegen den Arzt als auch gegen die eigene Person wendeten. «Wenn ich weiterhin Tabletten fresse, so ist das langsamer Selbstmord», sagte sie einmal.

In der Analyse war sie meist sehr verschlossen, schwieg mit großer Hartnäckigkeit über weite Strecken der Behandlung, wozu gelegentliche heftige Ausbrüche von Haß und Rachegefühlen eigentümlich kontrastierten, ohne daß ihr die Übereinstimmung mit dem in der Kindheit erlebten quälenden Schweigen der Mutter bewußt geworden wäre.

b) Die Ausgangssituation der Methode

In einer solchen Schweigestunde (nach etwa 350 Sitzungen) machte ich einmal der Patientin den Vorschlag, sie könne ein wenig zu zeichnen versuchen. Ich überreichte ihr ein weißes Papier im gebräuchlichen Briefformat A 4 auf einer Kartonunterlage sowie eine Schachtel mit 30 verschiedenfarbigen Neocolor-Fettkreiden und sagte: «Lassen Sie ohne jede Überlegung Ihre Hand auf dem Papier herumfahren, kritzeln Sie bloß, ohne eine Zeichnung zu machen.» Die Analysandin, die sich mir gegenüber gehemmt fühlte, willigte ein unter der Bedingung, daß ich währenddessen ebenfalls etwas zeichne, damit sie ihr nicht zusehen könne. So nahm ich meinen Kugelschreiber hervor und begann gleichzeitig mit ihr, aber auf einem eigenen Blatt, zu kritzeln, wie es mir gerade von der Hand ging. Ich saß, dem Wunsche der Patientin gemäß, so von ihr weggewandt auf meinem Stuhl, daß ich sie nicht beobachten konnte. Sie war von der Couch aufgesessen, hatte sich von mir weg gegen die Wand gekehrt und zeichnete eine Weile schweigend drauflos, bis die Stunde zu Ende war. In der darauffolgenden Sitzung, nachdem sie sich ebenfalls völlig schweigend verhalten hatte, wiederholte ich den Vorschlag und zeichnete in der schon beschriebenen Weise mit. Danach ließ ich die Sache auf sich beruhen, da sich kein positiver Einfluß auf den Behandlungsverlauf bemerkbar machte. Fünf Wochen später wiederholte ich versuchsweise diese Art des Zeichnens mit der Patientin unter den oben dargestellten Bedingungen.

c) Die unbewußte Kommunikation zwischen Arzt und Patient

Nachträglich fiel mir auf, daß trotz der bedeutenden Unterschiede der von der Patientin angefertigten drei Zeichnungen (VII, VIII, IX auf Seite 48) die von mir in jeder der drei Stunden gleichzeitig verfertigten planlosen Kritzeleien (VII ARZT, VIII ARZT, IX ARZT, Seite 48) eine formale Übereinstimmung mit denen der Patientin aufwiesen, ungeachtet der völligen Verschiedenheit der zeichnerischen Mittel. Ich gewann den Eindruck einer unverwechselbaren gemeinsamen Kommunikationsgestalt der vom Unbewußten her konstellierten Zeichnungen von Arzt und Analysandin. Diese überraschende Entdeckung schien mir geeignet, der mehr für handgreifliche Fakten als für unbewußte seelische Subtilitäten zugänglichen Patientin einen überzeugenden Eindruck von der unbewußten Kommunikation in der Psychoanalyse zu vermitteln. Aus dieser therapeutischen Intention heraus beschloß ich, ihr in einer späteren Stunde die von meiner und ihrer Hand stammenden Zeichnungen vorzulegen mit der Frage, welche meiner Kritzeleien nach ihrer Meinung zu den von ihr verfertigten gehörten. Die mit der bildenden Kunst unvertraute Analysandin, die nie im Leben eine Kunstausstellung besucht hatte und über keinerlei Erfahrung und Kenntnis in der formalen Analyse eines zeichnerischen Gebildes verfügt, fand bald die jeweils in der gleichen Stunde entstandenen Zeichnungen heraus. Dies war für sie ein Aha-Erlebnis, welches eine nachhaltige therapeutische Wirkung ausübte. (Über die therapeutische Bedeutung der Methode siehe S. 65 ff.) Daß der Analytiker gerade auch im Schweigen in einer – allerdings unsichtbaren – Weise mit ihr verbunden ist, auf sie eingeht, sich innerlich mit ihr auseinandersetzt und in einer differenzierten Wechselbeziehung sein Interesse auf ihre jeweilige Verfassung abstimmt, ist ihr erst anhand der Zeichnungen bewußt geworden.

Die späteren Erfahrungen mit dem induktiven Zeichnen lassen die in der Ausgangssituation der Methode zum Ausdruck gekommene strukturelle Übereinstimmung der Zeichnungen von Arzt und Patient – sowohl bei derselben Patientin wie auch bei andern Analysanden – in je wieder neuen charakteristischen formalen Gestaltungen erkennen. Die nächste Aufgabe bestand nun darin, über die therapeutische Bedeutung des Verfahrens hinaus dessen wissenschaftlichen Wert als Instrument für die Objektivierung des Unbewußten zu überprüfen. Ich suchte nach einer wissenschaftlich einwandfreien Methode der Verifizierung.

10. DIE METHODE DER EXPERIMENTELLEN VERIFIKATION

In Abhebung gegen die oben erwähnte *subjektive* Evidenzerfahrung, die immer nur den Charakter einer persönlichen Überzeugung haben kann, mußte eine von der Subjektivität des Untersuchers unabhängige Versuchsanordnung getroffen werden. Dank dem Umstand, daß die unbewußten kommunikativen Prozesse einen graphischen Niederschlag gefunden hatten, ließ sich erstens die Methode der wissenschaftlichen Verifizierung völlig von der psychoanalytischen Therapiesituation trennen; zweitens konnte dadurch das grundlegende Prinzip jeder experimentellen Forschung, nämlich die beliebige Wiederholbarkeit, zur Anwendung gelangen. Die Experimente wurden entsprechend der Zunahme des Bildmaterials im Laufe der Zeit in drei Reihen durchgeführt. Eine erste Versuchsreihe umfaßt die sechs Bilder der Ausgangssituation (die Bilderpaare VII, VIII und IX auf Seite 48). Die zweite Reihe bestand in einer Serie von 20 Bildern (die Bilderpaare I bis X). Die dritte Reihe enthält zehn Bilder (die Bilderpaare XI bis XV), welche aus finanziellen Gründen in diesem Buch nicht abgedruckt werden konnten. Die Patientenzeichnungen stammen von 6 verschiedenen Analysanden, die Arztzeichnungen sind alle von meiner Hand. Sie sind im Verlauf von vier Jahren jeweils in solchen Sitzungen entstanden, in denen vor dem Zeichnen keine verbalen Äußerungen erfolgt waren, welche über die innere Verfassung des Patienten hätten orientieren können.

Die Verifikationsexperimente wurden auf folgende Weise durchgeführt: Die Bilder der Patienten und die des Arztes wurden jeweils einer oder mehreren Versuchspersonen in willkürlicher Anordnung zur Betrachtung vorgelegt. Ich machte dazu folgende Angaben: «Die eine Bildergruppe stammt von ein und derselben Person A, die andere Gruppe von einer zweiten Person B, welche jeweils gleichzeitig mit der ersten Person gezeichnet hatte. Die Zeichnungen sind in mehrwöchigen Abständen entstanden. Nun ist es Ihre Aufgabe, herauszufinden, welche Zeichnung der Person A eine Verwandtschaft mit einer der Zeichnungen der Person B aufweist.» Über die Urheber der Zeichnungen (Geschlecht, Alter, Stand, Bildung usw.) wurden keine näheren Angaben gemacht.

Damit die Kontrollexperimente einen größtmöglichen Grad von Zuverlässigkeit und Objektivität gewährleisten konnten, wurden verschiedene Kontrollgruppen ausgewählt, deren Zusammensetzung nach Geschlecht, Alter, Bildung, Beruf, sozialem Stand, Beziehung zur Malerei und zur Psychoanalyse stark variierte. Diese Probanden hatten ein Alter von 11–83 Jahren. An Berufsgattungen waren vertreten: Hausfrauen der verschiedensten Stände, Schüler, kaufmännische Angestellte, Handwerker, Buchhändler, Direktoren, Lehrer, Graphiker, Kunstmaler, Musiker, Architekten Psychologen, Ärzte, Zahnärzte, Psychoanalytiker, Juristen, Theologen, Gelehrte, Hochschulprofessoren usw. Die Experimente wurden 105mal durchgeführt (bei der ersten Versuchsgruppe 44mal, bei der zweiten 40mal, bei der dritten 21mal). Die Ergebnisse dieser Blindversuche waren erstaunlicherweise ausnahmslos übereinstimmend. Jede Versuchsperson ordnete die in einer bestimmten Psychotherapiesituation gleichzeitig entstandenen Bilder von Arzt und Patient einander richtig zu. Die Experimente ergaben also jedesmal die Gruppierung I/I ARZT, II/II ARZT, III/III ARZT usw., was bedeutet, daß die Treffsicherheit in der ganzen Versuchsreihe 100 % beträgt. (Die Verifikationsexperimente im Rahmen von Gruppen wie z. B. der von Bash im Vorwort erwähnten ergaben dieselben positiven Resultate. Sie wurden aber in der hier aufgeführten Statistik nicht mitgezählt.) Damit ist die Verifizierung unbewußter kommunikativer Prozesse zwischen Arzt und Analysand in der Psychoanalyse in wissenschaftlich einwandfreier Weise gelungen. Der experimentelle Beweis für Freuds These ist erbracht, welche besagt, daß die von ihm empfohlene Haltung für den analysierenden Arzt, nämlich die gleichschwebende Aufmerksamkeit, «solcher Art das Unbewußte des Patienten mit seinem eigenen Unbewußten auffange» [10] (1923, S. 215).

Die Verläßlichkeit und Eindeutigkeit der im experimentellen Verifizierungsversuch gewonnenen Resultate wurde besonders signifikant durch die nach der ersten Versuchsserie erfolgte Erweiterung der statistischen Grundlagen. Diese lassen sich allerdings nicht beliebig vergrößern, da die psychotherapeutische Situation nicht durch wissenschaftliche Bestrebungen beeinflußt werden darf. Nur wenn therapeutische Erfordernisse das induktive Zeichnen nahelegten, was relativ selten der Fall ist, konnte die Methode eingesetzt werden und brachte sie weiteres Material für das Verifizierungsexperiment.

Ich hoffe, es sei mit dieser Dokumentation gelungen, dem Leser anhand des induktiven Zeichnens einen unmittelbaren Einblick in die unbewußten Kommunikationsprozesse zwischen Psychoanalytiker und Analysand zu vermitteln. Die in verschiedenen Therapiestunden jeweils bei Arzt und Patient gleichsinnige Veränderung der Strukturen des zeichnerischen Ausdrucks beruht, selbst wenn man die einzelnen formalen Elemente dieser

Strukturänderung nicht präzis zu verbalisieren vermag, auf objektiv wahrnehmbaren Tatbeständen; sonst wäre es ausgeschlossen, daß die verschiedensten Versuchspersonen unabhängig voneinander jedesmal die richtige Zuordnung der Zeichnungen von Analytiker und Analysand aus derselben Therapiestunde hätten treffen können.

Wenn im Verifizierungsexperiment der Objektivierungsvorgang bei den meisten Probanden auf einem mehr intuitiven Wahrnehmungsprozeß beruhte, so wollen wir nicht unterlassen, die strukturellen Beziehungen der Zeichnungen von Arzt und Patient einer wissenschaftlich-kritischen formalen Analyse zu unterziehen. Denn das Vorhandensein objektiv überprüfbarer Sachverhalte, welche dem bewußt kontrollierenden Verstand im Zeichnungsmaterial als eine erfahrbare Tatsächlichkeit vorliegen, ist die entscheidende Voraussetzung für die Beurteilung der wissenschaftlichen Gültigkeit der Methode der Objektivierung des Unbewußten.

11. FORMALE ANALYSE DER ZEICHNUNGEN VON ARZT UND PATIENT

Für die Dokumentation der unbewußten psychischen Kommunikationsprozesse konnte der hohen Druckkosten wegen nicht das Gesamtmaterial der im induktiven Zeichnen bis jetzt entstandenen 30 Bilder abgedruckt werden. So wäre es sehr verlockend gewesen, jene Bildpaare von Arzt und Patient auszulesen, deren Ähnlichkeit in unseren Verifikationsexperimenten von den Probanden am leichtesten und oft auf Anhieb erkannt wurde. An die Stelle derjenigen Bildpaare, die bei der *Verschiedenheit der zeichnerischen Mittel* von Psychiater und Analysand schwieriger auf ihre formale Verwandtschaft hin zu beurteilen sind (VII, VIII, IX und X, bei denen der Patient 30 Buntstifte zur Verfügung hatte, während der Arzt den Kugelschreiber benützte), wären die hier nicht abgebildeten Zeichnungen der dritten Versuchsserie getreten (die Bildpaare XI bis XV, für die sowohl Arzt als auch Patient 30 Buntstifte zur Hand hatte; siehe Seiten 42/43).

Um der wissenschaftlichen Objektivität willen habe ich auf eine derartige Auslese nach dem Gesichtspunkt der eindrücklichsten Übereinstimmung verzichtet und dem Leser gerade auch die schwierigeren Bildpaare zur Beurteilung vorgelegt. Damit erhält er einen realitätsgetreuen Eindruck von der Spielbreite der graphischen Signifikanz hinsichtlich der unbewußten Korrespondenz zwischen Analytiker und Analysand.

Auf zwei wichtige Voraussetzungen für die Vergleichung der Kritzeleien muß der Leser allerdings verzichten: auf die Größe der Originalzeichnungen, welche das Format A 4 (21 × 29,7 cm) aufweisen, und auf die Farbe bei den schwarz-weiß reproduzierten Bildern.

Die auf den Seiten 48/50 abgebildeten 20 Zeichnungen weisen unterschiedliche Grade der formalen Entsprechung auf. Bei manchen Bildpaaren ist die Übereinstimmung des graphischen Ausdrucks von Arzt und Patient leicht wahrzunehmen; andere erfordern vom Betrachter ein längeres Verweilen und ein Sicheinleben, bis aus der Gesamtgestalt sowie anhand von einzelnen Struktureigentümlichkeiten der Kritzeleien deren innere Zusammengehörigkeit sicher erkannt werden kann.

Ein statistisch-rechnerisches Verfahren stellt für die Erfassung von gestalthaften Formen nicht das adäquateste Mittel dar. Ist es doch eine genugsam bekannte Erfahrung, daß aus dem Hereinbringen mathematischer Exaktheit in die lebendige Form des Psychischen oft eine täuschende

Pseudogenauigkeit resultiert, die für den Tieferblickenden gerade an dem vorbeigeht, was das Wesen dieser Form ausmacht: ihre organische Ganzheit, ihre Atmosphäre, ihr Sichbewegen innerhalb bestimmter, jedoch nicht starrer Grenzen, ihre Fähigkeit, sich von der mathematischen Gesetzlichkeit zu lösen in eine Freiheit, deren innere Gesetzmäßigkeit nur dem harmonikalen Empfinden eines gesamtheitlichen Wertens sich erschließt. In den Blättern von Arzt und Patient haben wir den zeichnerischen Ausdruck lebendiger Formen unserer Seele vor uns, deren Gültigkeit oder Ungültigkeit, deren Stimmen oder Nichtstimmen wir zuinnerst seelisch erleben, aber auch – auf Grund des dem Menschen innewohnenden morphologischen Bewußtseins – intellektuell überprüfen können.

So berechtigt und fruchtbar statistische und messende Verfahren in den dafür geeigneten Forschungsgebieten sind (z. B. in der experimentellen Psychologie, die vor allem durch die von J. B. Watson in Amerika begründete Richtung des Behaviorismus in konsequenter Weise ins Zentrum der psychologischen Forschung gerückt wurde, in der Testpsychologie, Soziologie, Neuropsychologie usw.), so sehr müssen wir uns davor hüten, das Verfahren mit Maß und Zahl in *allen* Bereichen der psychologischen Forschung als das einzig brauchbare und gültige zu halten. Namentlich im Bereich der komplexeren psychischen Funktionen und der ganzheitlichen Reaktion des Individuums stößt die an der Physik und Chemie orientierte Methodik und Denkweise der exakten Naturwissenschaften an eine grundsätzliche Grenze.

Allerdings werden wir ein zählendes und messendes Verfahren im Laufe unserer formalen Analyse der Zeichnungen von Arzt und Patient als Hilfsmethode überall dort einbeziehen, wo es der Objektivierung des untersuchten Sachverhaltes dient, etwa in der Feststellung der Anzahl übereinstimmender graphischer Elemente, in der Anzahl der insgesamt verwendeten oder der übereinstimmenden Farben usw. Ich verzichte jedoch ausdrücklich auf eine umfassende Umwandlung *aller* vorkommenden zeichnerischen Elemente in Zahlen. Eine solche Mathematisierung der Befunde ist nicht nötig. Wie die Verifizierungsexperimente gezeigt haben, kann der unbefangene Beobachter die Frage der Übereinstimmung der Zeichnungen von Arzt und Patient ohne statistische Berechnungen mit Sicherheit feststellen. Zudem würde eine Erstellung von komplizierten rechnerischen Tabellen, Diagrammen und mathematischen Formeln den Leser nur unnötig belasten. Diese vermögen trotz der Angabe von genauen numerischen Werten und Prozentzahlen in dem hier vorliegenden Untersuchungsmaterial keine größere Evidenz hinsichtlich der Frage der Objektivierung des Unbewußten zu vermitteln, als dies mittels des zur Anwendung gelangenden phänomenologischen (und teilweise auch psychologisch interpretierenden) Verfahrens möglich ist.

Erstes Beispiel: Abbildungen I/I ARZT

Im ersten Beispiel (Abbildung Seite 48) sind die formalen Bildelemente relativ einfach strukturiert und lassen sich besonders gut einzeln beurteilen. Dies hängt mit dem Umstand zusammen, daß hier nur eine einzige Farbe zur Verfügung gestellt wurde, während der Analysand in allen folgenden Beispielen unter 30 verschiedenen Farben frei wählen konnte. (Gewisse geringfügige Unterschiede der Technik dieser beiden Blätter ergeben sich aus der Verschiedenheit des Zeichnungsinstrumentes: Beim Analysanden Bleistift, beim Analytiker Füllfeder. In der Füllfederzeichnung kann z. B. der Farbfluß aussetzen, wenn der Strich weitergeführt wird, was auf dem Originalblatt sichtbar ist, in der Reproduktion jedoch nicht mehr in Erscheinung tritt.)

Die formalen Strukturmerkmale sind folgende:

1. Die beiden Zeichnungen bestehen aus reinen Lineamenten (keine breitflächige Verwendung des Stiftes, keine Schattierungen, keine Ausmalung von Flächen).
2. Schwingende Bewegungen, die relativ großzügig und gelöst verlaufen.
3. Das ganze Format wird zeichnerisch beansprucht.
4. Die Hauptbewegungsrichtung im Bildraum geht von oben nach unten (die wellenförmig geschwungenen Linien und die divergierenden Strahlen beginnen oben).
5. Rascher Bewegungsablauf (dies ist an der Sicherheit und Ungebrochenheit der einzelnen Linien abzulesen).
6. Die einzelnen Formelemente:
    a) von oben nach unten verlaufende schwungvolle Wellenlinien,
    b) die von oben nach unten divergierenden Strahlen,
    c) spiralförmig kreisende Bewegung (im linken untern Quadranten),
    d) «Zickzack»-Form (in der Analysandenzeichnung links oben, in der Arzt-Zeichnung von der Mitte aus gegen rechts unten gelegen).

Die Strukturanalyse der Zeichnungen von Arzt und Patient läßt also übereinstimmende formale Abläufe feststellen, wobei die einzelnen Formelemente in der Patientenzeichnung jeweils ausgeprägter, intensiver und ausgiebiger sind. Die Zeichnung des Arztes stellt gleichsam – in Analogie zum Mitschwingen eines Resonanzkörpers – einen abgeschwächten graphischen Niederschlag derselben inneren Tendenzen dar. Die beiden Zeichnungen von Arzt und Patient sind ein anschaulicher Beleg für die bekannte psychoanalytische Erfahrung, daß der Arzt bei geeigneter therapeutischer Haltung aus solchen feinsten Innenwahrnehmungen seines eigenen Erlebens entsprechende unbewußte seelische Vorgänge im Analysanden erschließen kann.

Zweites Beispiel: Abbildungen II/II ARZT

Die Analysandenzeichnung dieses zweiten Beispiels zeigt nichts anderes als einen schwarzen Fleck. Im Vergleich zum vorhergehenden und allen übrigen Beispielen erkennen wir die massive Einschränkung der Fähigkeit, sich im zur Verfügung stehenden Raum zu bewegen und zu entfalten. Die Reduktion der psychischen Abläufe ist so radikal, daß ein Bild der Einförmigkeit und Dürftigkeit entsteht. Das «Nicht-vom-Fleck-Kommen» ist hier im buchstäblichen Sinn graphisch ausgedrückt. Außer der Einengung im Raum stellen wir in diesem Beispiel auch die äußerste Reduktion im farblichen Bereich fest. Der Analysand verwendet als einzige von 30 Farben die schwarze, während alle übrigen Probanden bunt gezeichnet haben. Farbpsychologisch bedeutet die einseitige und ausschließliche Wahl von Schwarz die Negation alles Lebendigen. Schwarz ist Verneinung, Starre, Tod. Wer nur Schwarz wählt, lehnt den Kontakt überhaupt ab [12] (Furrer, S. 75). Ein weiteres Merkmal dieser Zeichnung ist die starke Verlangsamung des Bewegungsablaufes. Der Analysand wendete für diesen Fleck mehr als eine halbe Stunde auf. Hinsichtlich des Formniveaus [24] (Klages, S. 36 ff.) steht die Zeichnung auf sehr niedriger Stufe. Wir finden keinen Ansatz zur Strukturierung und Differenzierung, zu räumlicher Gliederung und kompositioneller Ordnung, sondern lediglich das zähe Verhaftetsein an einen einzigen Ort, welches den Rückzug in eine autistische Position ausdrückt.

Die unbewußte Entsprechung dazu finden wir in der Zeichnung des Analytikers mit ihren drei isolierten Farbflecken. Die Reduktion der seelischen Dynamik ist hier nur nicht so radikal wie beim Analysanden. In den drei Kreisen zeigt sich eine gedämpfte konzentrische Bewegung, ein ruhiges bei sich Verweilen. Der farbige Spielraum ist größer, indem drei verschiedene Farben zur Anwendung kommen: Dunkelbraun, Dunkelgrün und Grünbraun. Bezeichnenderweise sind die drei Farben allerdings, ent-

I Patient   I Arzt

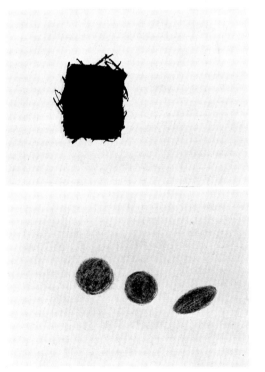

II Patient

II Arzt

VI Arzt

VI Patient

VII Patient

VII Arzt

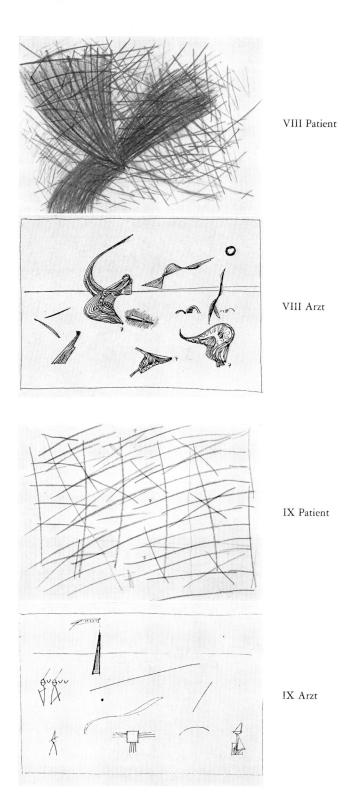

VIII Patient

VIII Arzt

IX Patient

IX Arzt

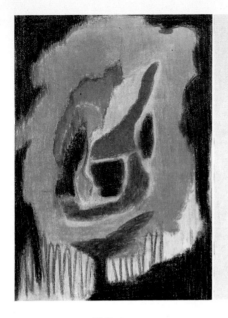 

X Patient X Arzt

sprechend dem vom Analysanden verwendeten Schwarz, autonom-passiv; bei aller Passivität ist ihnen noch eine gewisse dumpfe Lebenswärme eigen. Das destruktiv Nihilistische der Analysandenzeichnung, welches an der verkrampft-zackigen Strichführung am Rand des schwarzen Flecks ersichtlich wird, ist in die Zeichnung des Arztes nicht eingegangen.

Drittes Beispiel: Abbildungen III/III ARZT

Von ganz anderer Qualität und Eigenart ist das folgende Bildpaar, welches auf S. 50 farbig wiedergegeben ist.

1. Als erstes Merkmal springt die flächige, farbige Ausfüllung des ganzen Bildraumes in die Augen.
2. Ausgesprochene Vielfarbigkeit.
3. Starkes Vorherrschen von Schwarz und Rot.
4. Unharmonische Farbzusammenstellung (man vergleiche mit den beiden anderen farbig wiedergegebenen Bildpaaren).
5. Die einzelne Farbe kommt oft in breitflächigem Auftrag zur Anwendung.
6. Überlagerung verschiedener Farbschichten, wobei keine wesentliche Berücksichtigung einer Ganzheitsgestalt festzustellen ist.
7. Vorwiegende Verwendung gerader Striche (wenig kurvige, wellige oder organisch durchgebildete Linien).
8. Striche der gleichen Farbe werden häufig parallel gelegt.
9. Bildung von dreieckigen und zickzackförmigen Figuren (bei III im Zentrum, bei III ARZT am Rand).
10. Starke Betonung der Bildmitte.
11. Sternförmige Ausstrahlung vom Bildzentrum her.
12. Deutliche Akzentuierung der vier Quadranten der Bildfläche.
13. Mehr statische als dynamische Gestaltung.
14. Trotz der Vielzahl der angewendeten Mittel ist die Differenziationshöhe des Gesamtgefüges eher gering.

Viertes Beispiel: Abbildungen IV/IV ARZT

Dieses Beispiel zeigt eine recht differenzierte, zu einer ganzheitlichen Gestalt herausgearbeitete Gesamtkomposition von ordnungshaftem Aufbau. An einzelnen Merkmalen lassen sich folgende herausheben:

49

1. Durchgehende farbige Ausfüllung des ganzen Bildraumes.
2. Vielfarbigkeit (9 Farben in IV, 11 Farben in IV ARZT).
3. Farbkomposition relativ harmonisch.
4. Farbanwendung fast durchwegs in einfarbigen Flächen.
5. Die einzelnen Farbflächen überschneiden sich nur ausnahmsweise.
6. Vielgestaltiges Ineinandergreifen der einzelnen Formen.
7. Pastelltonartige Farbabstufungen.
8. Vorwiegend helle Tonwerte.
9. Gleichmäßige Druckverteilung innerhalb der einzelnen Farbflächen.
10. Sanfter Bewegungsablauf (vergleiche I und VI).
11. Fast keine Geraden.
12. Markante Rundformen.
13. Im übrigen organische Formen von freier, nicht-geometrischer Gestaltung.
14. Relatives Gleichgewicht zwischen statischer und dynamischer Bildformation.
15. Einheitliche Komposition unter Einbeziehung der gesamten Bildfläche.
16. Das Formniveau ist (wie in der von der gleichen Urheberin stammenden Zeichnung X) deutlich höher als das der übrigen Beispiele. Das Formniveau läßt sich hier besonders an folgenden Kriterien erkennen: Tendenz zu ganzheitlicher Gestaltung, gewisses strukturelles Gefüge, formale und farbliche Differenzierung, Spannung, Rhythmus, Polarität und Proportionierung.

Fünftes Beispiel: Abbildungen V/V ARZT

Diese beiden Ergebnisse des induktiven Zeichnens sind in ihrem Aufbau einfacher als das eben besprochene Beispiel. An einzelnen formalen Merkmalen sind zu nennen:
1. Der Raum wird in lockerer Weise gegliedert.
2. Reiche Farbwahl: 8 Farben in der Analysandenzeichnung, 10 Farben in der Zeichnung des Arztes.
3. Kräftige, heitere Farbtöne, Bevorzugung der Grundfarben.
4. Einfache Gesamtgestalt.
5. Aufbau aus einzeln gesetzten Formelementen, die sich teils überschneiden.
6. Diese Formelemente werden durch mehrfach über- und nebeneinander geführte Zeichenstriche gebildet.

III Arzt

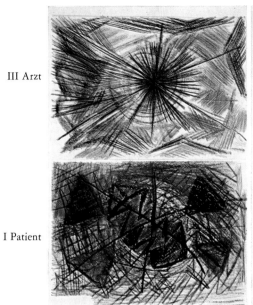

V Arzt

I Patient

V Patient

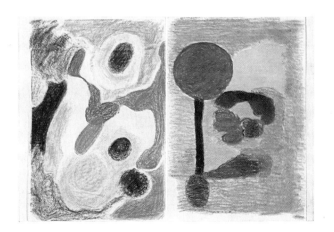

IV Arzt   IV Patient

7. Die häufigste Einzelform ist eine einfache gebogene Linie (Kreissegment).
8. Die Gesamtgestalt entwickelt sich in ihrer räumlichen Anordnung von unten nach oben.
9. Dynamische, jedoch nicht überbordende Strichführung.
10. Mittelachsenzentrierte Raumeinteilung.
11. Einigermaßen rhythmische Anordnung der Einzelformen im Feld.
12. Entschiedene Tendenz zur Komposition der einzelnen Elemente zu einer Ganzheit, so daß der Eindruck eines pflanzenartigen Gebildes entsteht.

Sechstes Beispiel: Abbildungen VI/VI ARZT

Ein Beispiel von äußerst primitivem Niveau und elementarem Charakter haben wir in diesen beiden Kritzeleien vor uns. Sie sind der direkte Ausdruck archaisch ungestalteter unbewußter Tendenzen, welche verbal in dieser chaotischen Form vom Analysanden oft kaum geäußert werden können. In solchen Fällen ist deren unmittelbares Umsetzen in motorische Handlung auf dem Weg des therapeutischen Zeichnens von hohem Wert. (Eine eingehende Darstellung der Methodik des therapeutischen Zeichnens, speziell im Hinblick auf die Behandlung von Regressionszuständen und Störungen der archaischen Organisation, wird in dem Buch «Neue Wege zum Unbewußten» gegeben.) [13]

Die formalen Merkmale der beiden Zeichnungen sind:
1. Elementarste Heftigkeit der Bewegung.
2. Fast regellose Strichführung.
3. Intensive Druckgebung.
4. Bloßes Ablaufenlassen von Einzelimpulsen ohne Rücksicht auf das Vorhandene und ohne Gestaltung des Ganzen.
5. Primitive Farbgebung; in der Analysandenzeichnung hauptsächlich Rot und Orange, teils auch Gelb und Blau, beim Arzt Reduktion auf eine einzige Farbe: Orange.
6. Sehr rascher Bewegungsablauf.
7. Primitivste Formelemente: Hiebkritzel, Kringel, Zickzack.
8. Die Verteilung im Raum ist ganz willkürlich.
9. Es finden sich keine Ansätze zur Differenzierung und Gestaltung. Das Formniveau ist äußerst niedrig. Chaotischer Gesamteindruck.

Dieses und die drei folgenden Beispiele weisen insofern eine Besonderheit auf, als die zeichnerischen Materialien bei Arzt und Analysand nicht übereinstimmend sind, wie dies in allen bisher besprochenen Beispielen der Fall war. Wir erinnern uns, daß in der Ausgangssituation der Methode des induktiven Zeichnens (siehe S. 39), deren Ergebnis wir jetzt analysieren können (Bildpaare VII, VIII und IX), die Patientin 30 Farben zur Verfügung gestellt bekam, während der Arzt nur seinen Kugelschreiber benützte.

Nun ist es für die Untersuchung der formalen Strukturen des graphischen Ausdrucks in den Zeichnungen von Arzt und Patient um so beweiskräftiger, wenn trotz der *Verschiedenheit der Mittel* eine Ähnlichkeit der Zeichnungen nachgewiesen werden kann, die auch für den ungeschulten Beobachter mit Sicherheit wahrnehmbar ist, wie dies die Verifizierungsexperimente gezeigt haben. Allerdings kann die Übereinstimmung nicht mehr so augenfällig sein wie bei den Zeichnungen, welche mit identischen Mitteln ausgeführt wurden.

Für die Analyse der formalen Strukturen stellen diese Zeichnungen also eine komplexere Aufgabe dar. Denn der graphische Niederschlag unbewußter Bereitschaften wird durch die zeichnerischen Mittel zwangsläufig anders bestimmt in der Schwarz-Weiß-Technik mit spitzem und starrem Metallstift als in der farbigen Technik mit weich- und breitzeichnenden Fettkreiden. Die drei Abbildungspaare VII, VIII und IX stammen alle von der auf Seite 38 erwähnten Patientin. In der ersten von ihr angefertigten Zeichnung (Abb. VII) vermittelt der Gesamteindruck etwas Stimmungshaft-Lyrisches, Schwebendes. Die zarten Pastelltöne und die leichte Strichführung mit zum Teil fließenden Linien geben dem Ganzen eine weiche, atmosphärische Lockerheit, welche in keinem der andern Blätter von der Hand dieser Patientin zu finden ist (vergl. Abb. III, VIII und IX). Im einzelnen lassen sich folgende Merkmale herausheben:

1. Im Gegensatz zu der sonstigen Bevorzugung kräftiger Farben verwendet die Analysandin hier Pastelltöne. Lichtes Grün, Hellviolett, zartes Rotviolett und Hellgelb sind die führenden Farben. Daneben kommen etwas Grau und Weinrot zur Anwendung.
2. Die Strichführung ist vorwiegend locker.
3. Schwache Druckgebung. Der Druckablauf variiert von pianissimo bis zu fortepiano, geht also über den Bereich des piano nicht hinaus.
4. Lichte Verteilung der Bildelemente im Raum.

5. Keine Herausbildung von Polaritäten oder Spannungszentren.
6. Als markante Form hebt sich eine schwebende, gebogene Linie heraus, welche durch mehrfache Strichelung verbreitert und nach links eingerollt ist.
7. Tendenz zu rhythmisierter Parallelführung von Strichen.
8. Keine Herausbildung einer Ganzheitsgestalt.
9. Dennoch einheitliche Wirkung durch innere Abstimmung der angewendeten Mittel aufeinander, wodurch ein stimmungshafter Gesamtklang entsteht.

Achtes Beispiel« Abbildungen VIII/VIII ARZT

In der auf das eben besprochene Beispiel folgenden Therapiestunde, in der die Patientin wiederum schwieg, war ihre innere Verfassung offenbar wesentlich anders. Dementsprechend veränderte sich auch die unbewußte Konstellation beim Arzt. Dies wird schon bei einem oberflächlichen Vergleich dieser Zeichnungen mit den zwei vorhergehenden deutlich. Wir erkennen folgende Charakteristika:
1. Verdichtung der Linienführung zu kompakten Bündeln.
2. Schwere, dunkle Tonwerte.
3. Intensive, wenn auch undifferenzierte Farbgebung. Violett, Dunkelrot und Orange beherrschen das Bild. Dazu kommen Braun und Olivgrün.
4. Vorwiegend druckstarke Zeichnung.
5. Dynamische Ballungen.
6. Herausbildung einer einfachen Gestalt (in der Arztzeichnung sind es mehrere, aber analoge Gestalten).
7. Innerhalb dieser Gestalt konzentrisches Zusammenlaufen der Energielinien in Richtung von links nach rechts und Sammlung in einer Spitze (in der Abbildung mit Ziffer 7 bezeichnet).
8. Ansätze zu räumlich wirkenden, körperhaften Gebilden.
9. Die Gesamtwirkung hat, im Unterschied zu der vorhergehenden und nachfolgenden Zeichnung derselben Analysandin, etwas Intensives, Konzentriertes und Energiegeladenes.

53

Fünf Wochen später entstand die dritte Zeichnung dieser Analysandin. Während das äußerlich wahrnehmbare Verhalten gleichgeblieben war (Schweigen), kam in der absichtslosen zeichnerischen Kritzelei eine durchaus neue innere Verfassung zum Vorschein. Die Farbpalette hatte sich aufgehellt: Sie enthält die Farben Orange, Grün, Hellgrün, Lila, Violett und Blau. An graphischen Elementen sind folgende zu nennen:

1. Vorwiegend gerade Einzelstriche.
2. Rhythmische Wiederholung einzelner Formelemente.
3. Lockere, «durchsichtige» Raumgliederung.
4. Druckablauf innerhalb der einzelnen Elemente ziemlich gleichförmig, vorwiegend mäßige Druckgebung. Einige Elemente ausgesprochen druckschwach und langsam (unsichere, fadenartige Linienführung).
5. Keine nennenswerte Dynamik.
6. Verlauf der einzelnen Striche im Raum vorwiegend in drei Richtungen: senkrecht, wagrecht und schräg von links nach rechts ansteigend.
7. Als auffällige Abweichung von der geraden Strichführung finden sich leicht S-förmig geschwungene liegende Linien (in der Zeichnung der Patientin mit der Ziffer 7 gekennzeichnet).
8. Einige kreuzförmige Überschneidungen.

Zehntes Beispiel: Abbildungen X/X ARZT

Wir schließen unsere formale Strukturanalyse des im induktiven Zeichnen gewonnenen graphischen Materials mit zwei Blättern, welche *ein Jahr früher* als die soeben besprochene Serie entstanden ist. Allerdings war mir damals die Bedeutung dieses Befundes einer strukturellen Verwandtschaft der Zeichnungen von Arzt und Patient noch nicht aufgegangen. Erst während der Arbeit an diesem Buch stieß ich zufällig wieder auf diese zwei Blätter, als ich in anderem Zusammenhang die Krankengeschichte der betreffenden Patientin durchzusehen hatte. In formaler Hinsicht lassen sich folgende Merkmale unterscheiden:

1. Hohes Formniveau. Von allen aus dem induktiven Verfahren stammenden Zeichnungen weist die hier abgebildete die deutlichste Ausprägung eines ganzheitlich gestalteten Strukturgebildes auf. Es liegt

darin eine entschiedene Tendenz zur Formung und Abstimmung der einzelnen Teile untereinander im Hinblick auf eine einheitliche Gesamterscheinung.

2. Die ganze Bildfläche ist in die Gestaltung einbezogen (dies gilt der Tendenz nach auch für die aus Zeitgründen unfertig gebliebene Arzt-Zeichnung, wie aus der Anlage der Kritzelei eindeutig hervorgeht).

3. Die Zeichnung hat einen kompositionellen Aufbau.

4. Die räumliche Orientierung ist entschieden ausgeprägt. Oben und unten, rechts und links sind eindeutig bestimmt.

5. Gliederung in vorwiegend einzelne, in sich einigermaßen geschlossene Flächen.

6. Freie, nicht-geometrische Formen.

7. Die Formbildung ist markant. Die Einzelformen greifen organisch ineinander.

8. Herausbildung einer festen zentralen Kernfigur.

9. Darum herum fließende, konzentrisch sich bewegende hellere Formen, die den Eindruck von Wasser hervorrufen (in der Analysandenzeichnung sind sie hellblau. Blau ist überhaupt die dominierende Farbe, welche in fünf verschiedenen Tönen von Dunkelblau bis zu Türkisblau abgestuft ist. Daneben im Zentrum Dunkelrot und Orange, unten links Rosa und unten rechts Gelbgrün).

10. Relativ gute Proportionierung.

11. Polarität zwischen statischen und dynamischen Bildungen.

12. Mannigfaltigkeit der Formen.

13. Fast durchwegs ruhiger Bewegungsablauf.

Im folgenden sind die zehn besprochenen Beispiele zur leichteren Orientierung des Lesers in einem Diagramm zusammengestellt. Die Beispiele I–V stammen von fünf verschiedenen Analysanden (A, B, C, D, E). V und VI stammen von ein und derselben Person E (Zeichnung V datiert ein halbes Jahr nach der Zeichnung VI). VII–IX sind die Zeichnungen der auf Seite 38 vorgestellten Patientin C, welche auch die später entstandene Zeichnung III verfertigt hat. X und IV gehören jener Patientin D zu, mit welcher der erste Vorläufer des induktiven Zeichnens (X) entstanden ist.

I	II	III	IV	V	VI	VII	VIII	IX	X	Zeich-nungen
A	B	C	D	E	E	C	C	C	D	Perso-nen

| 5 verschiedene Analysanden | Ausgangsserie | Vor-läufer |

Dem gegen die Methode des induktiven Zeichnens gelegentlich geäußerten Einwand, daß sie nicht Ausdruck der jeweiligen averbalen zwischenmenschlichen Prozesse in einer *einzelnen Therapiesituation* sei, sondern daß die formale Übereinstimmung des zeichnerischen Ausdrucks von Arzt und Analysand auf die eingehende Kenntnis der Gesamtpersönlichkeit des Patienten zurückzuführen wäre, die der Therapeut in der Analyse allmählich gewonnen habe, ist leicht zu begegnen. Die Bilder III, VII, VIII, IX stammen alle von derselben Analysandin C, deren Krankengeschichte auf S. 38/39 dargestellt wurde. Die in verschiedenen Therapiestunden zustandegekommenen Bilder weichen voneinander sehr stark ab. Dennoch sind die in der jeweiligen Therapiesituation durch das induktive Zeichnen gewonnenen Bilder von Arzt und Patient in ihren formalen Eigentümlichkeiten derart übereinstimmend, daß ihre Zusammengehörigkeit in den Verifizierungsexperimenten von allen Probanden erkannt wurde. Dasselbe trifft auch zu für die Zeichnungen der andern Patienten, welche mehrfach, d. h. in verschiedenen Sitzungen zeichneten.

Die Betrachtung der 10 verschiedenen Zeichnungen des Arztes bietet schließlich für den mit der analytischen Methode nicht vertrauten Leser eine reizvolle Gelegenheit, sich ein Stück weit über die psychoanalytische Arbeitsweise ins Bild zu setzen. Erkennt er doch aus diesen absichtslosen Kritzeleien, daß die therapeutische Tätigkeit des Analytikers ganz wesentlich eine *unbewußte Leistung* ist, welche darauf beruht, sich immer wieder neu in unvorhersehbarer Weise auf den Analysanden abzustimmen und dessen unbewußte Seelenregungen mit seinem eigenen Unbewußten aufzufangen. Nur durch diese differenzierte intuitive Empfänglichkeit und nicht in erster Linie durch sein intellektuelles Wissen vermag er den Analysanden in seiner Tiefe zu verstehen, worauf er dann das therapeutisch richtige Verhalten und die therapeutisch wirksamen Deutungen aufbauen kann.

Zum Schluß sei noch festgehalten, daß es nicht meine Auffassung ist, mit dem Erweis der unbewußten Kommunikationsvorgänge anhand des sichtbaren Niederschlages von deren Strukturen im induktiven Zeichnen den zutage tretenden Bereich des Unbewußten nun auch in seinem *Wesen* durchsichtig gemacht zu haben. Das Geheimnis der Seinswirklichkeit der persönlichen Wechselwirkungen widersetzt sich dem Zugriff unseres ordnenden Denkens und dem Versuch der rationalen Bewältigung auch hier. Jedoch bedeutet es für unseren forschenden Geist einen fundamentalen Schritt vorwärts im Bestreben um eine wissenschaftliche Psychologie, daß die bisher nur intuitiv empfundene und als Hypothese vom konstruktiven Denken geforderte, aber nie erweisbare Dimension der unbewußten Kommunikationsvorgänge objektiv belegt werden kann. Wir verfügen über eine ganz neue Sicherheit, wenn wir jetzt über unbewußte Wechselwirkungen von Mensch zu Mensch oder vom «Unbewußten» sprechen. Die Einsicht in das Seinsgefüge der menschlichen Person wird damit um eine entscheidende Dimension erweitert. Unsere bisherigen Theorien über die Psychologie des Unbewußten werden auf ihre Realität hin kontrollierbar und können von da aus mit einer dem Geiste Genüge tuenden wissenschaftlichen Sicherheit weiter entwickelt werden. Auch für die Tiefenpsychologie gilt die Forderung von Jaspers: «Persönliche, intuitive Kennerschaft – die sich naturgemäß sehr oft irrt – werden wir überall da mißbilligen, wo dasselbe wissenschaftlich gewußt werden kann.» [16] (S. 2).

Die Methode der Objektivierung des Unbewußten bringt erstens den Nachweis, daß *unbewußte Vorgänge* nicht bloße theoretische Denkgebilde sind, die wir als brauchbares Erklärungsmittel für schwer zu fassende seelische Phänomene hinzudenken, sondern psychische *Realitäten.*

Zweitens zeigt sie, daß unbewußte Vorgänge nicht notwendig und ausschließlich mit Denk*inhalten* gleichzusetzen sind. Unbewußte Wechselwirkungen können, wie in unserem Falle, unabhängig von Denkinhalten vor sich gehen. Die Zeichnungen von Arzt und Patient sind nicht deswegen einander ähnlich, weil der Patient während des Kritzelns an etwas Bestimmtes gedacht hätte, z. B. an Erlebnisse aus der Kindheit im Zusammenhang mit dem Vater, wobei dann diese Denkinhalte auf unbewußtem Weg entsprechende *Gedanken* beim Arzt angeregt hätten.

Zum dritten erbringt die Methode der Objektivierung den Nachweis, daß unbewußte Kommunikationsvorgänge *strukturiert* sind. Die jeweilige Gesamtverfassung, die Grundstimmung, eine gemeinsame Atmosphäre ist bei beiden Partnern des induktiven Zeichnens als übereinstimmende strukturelle Gegebenheit objektiv feststellbar: die Kritzeleien weisen in jedem Fall sowohl in ihrer Gesamtheit als auch in einzelnen Zügen eine charakteristische Sondergestalt auf; die Zeichnungen von Arzt und Patient aus derselben Stunde sind von einer «inneren Logik der Strukturen» durchwaltet.

Endlich wirft die Methode der Objektivierung der unbewußten Kommunikationsprozesse ein *neues Licht* auf den Begriff der *Intuition*. Weil die Intuition für die Psychoanalyse eine zentrale Rolle spielt, ist es angezeigt, daß wir uns eingehender mit ihr auseinandersetzen.

12. NEUE ASPEKTE DES BEGRIFFS INTUITION

Die Entdeckungen der psychoanalytischen Forschung und die Erfolge ihrer Therapie hängen aufs engste mit den intuitiven Fähigkeiten des sie Ausübenden zusammen. Weder die deduktiven Schlüsse des Metaphysikers noch die sorgfältigen Tatbestandsaufnahmen des exakten Naturwissenschafters genügen für die Erhellung tiefenpsychologischer Zusammenhänge der menschlichen Existenz. Die Intuition als eine psychische Grundfunktion ist ein wesentliches Instrument der psychoanalytischen Seelenkenntnis. Sie ist nach C. G. Jung Wahrnehmung auf unbewußtem Wege, eine Art instinktiven Erfassens; sie ist wie die Empfindung eine *irrationale* Wahrnehmungsfunktion [21] (Bd. 6, S. 480).

a) Zum Begriff der Intuition

Jung hat als erster seit Spinoza die Intuition für eine seelische Wirklichkeit und einen Grundstein der Psychologie gehalten, ernst genommen und gebührend gewürdigt. In jüngster Zeit hat Binder eine tiefdringende Studie über die Intuition geschrieben. Er zeigt, daß die phänomenologische Richtung in der Philosophie nicht ohne Einfluß auf das medizinische Denken gewesen ist, «vor allem in jener Ausprägung, in der sie, ausgehend von den sinnlich empirischen Merkmalen eines lebendigen Objektes, *seine transphänomenale,* ungegenständliche, aber *reale Wesenheit* in einem unsinnlichen, vorrationalen, *intuitiven* Akt zu erschauen sucht. Dies ist deshalb möglich, weil auch die Merkmale durch die Wesenheit getragen und von ihr mitgeformt werden. Beispiele für solche Intuitionen finden sich vielfach beim Kinde, wenn ihm an einem konkreten Tierexemplar etwa das Schafhafte oder das Pferdhafte als eine Einheit nichtsinnlicher Qualitäten, das heißt eben als eine Wesenheit aufgeht, also zum Beispiel als das dumpf Ergebene oder als das Stolze zusammen mit anderen, spezifischen, aber sprachlich kaum ausdrückbaren Soseinszügen. Derartige Intuitionen anläßlich konkreter Begegnungen haben zur Folge, daß das Kind auch andere Vertreter solcher Tiere ‹versteht›. Deshalb bilden solche intuitiven Erlebnisse von Wesenheiten die Grundlage für die spätere rationale Bildung von allgemeinen Begriffen» [3] (S. 19). In einem andern Kapitel gibt Binder weitere Charakterisierungen des intuitiven Erkennens: «Dieser *spezifisch geistige* Vollzug, zu dem ein *aktiv-spontanes* Suchen wie ein Aufnehmen und innewerdendes *Empfangen* gehört, wird Intuition genannt» (S. 87). Ferner «bedeutet die Intuition ein *direktes Vernehmen* von anderer Seite her, weshalb sie grundsätzlich doch die geistige *Sachlichkeit mitbegründet*» (S. 88).

Für die in dieser Schrift vorgelegte Methode der Objektivierung des unbewußten Rapportes in der psychoanalytischen Beziehung ist dieser letzte Aspekt, die geistige Sachlichkeit, besonders wichtig. Gegenüber manchen Auffassungen über die Beziehung von Arzt und Patient, welche zu einseitig nur die psychischen Mechanismen der Identifikation, der Projektion und Introjektion usw. zur Erklärung heranziehen, bin ich der Auffassung, daß es sich in der psychoanalytischen Aktivität um ein teilweise von diesen Psychismen verschiedenes unmittelbares Wahrnehmen eigener Art handelt (wobei die erwähnten psychischen Funktionen allerdings meist in wesentlichem Ausmaß beteiligt sind). Die gelöste Bereitschaft, die Offenheit für Fremdseelisches, eine besondere Art der Präsenz und unangestrengter Sammlung auf das hin, was vom Analysanden ausgeht, sind kennzeichnend dafür.

b) Formale und inhaltliche Aspekte der Intuition

Fragen wir nun weiter, *was* die ärztliche Intuition im induktiven Zeichnen vom Unbewußten des Analysanden jeweils unbewußt auffängt: Gedanken, Affekte, Komplexe, Triebregungen, Abwehrmechanismen usw.? Aus alledem würde sich die strukturelle Übereinstimmung der aus dem Schweigen resultierenden Zeichnungen noch nicht erklären lassen; die Methode des induktiven Zeichnens bringt ja nicht psychologische Einzelfakten im Sinne einer zerlegenden Inventarisierung des Menschen zutage. Vielmehr wird in der intuitiven Begegnung des Analytikers mit dem Analysanden unmittelbar ein ganzheitlicher Gesamteindruck des komplexen seelischen Aktgefüges (Scheler) und der gegenwärtigen Gesamtverfassung des Patienten spontan und unreflektiert wahrgenommen. In der *strukturellen Verwandtschaft* der Zeichnung des Therapeuten mit jener des Patienten findet ein intuitives Innewerden und unbewußt-seelisches Sich-auf-den-andern-Abstimmen (trotz aller Verschiedenheit der beiden «Techniken» des Zeichnens) seinen sichtbaren Niederschlag. Zwischen Therapeut und Analysand besteht also eine *reziproke unbewußte Beziehung,* welche bis in die unbewußten Haltungen des innersten Selbst kommunikativ ist – und dies auch dort noch, wo im bewußten Erleben die Beziehung fehlt.

Zur Eigenart dieser unbewußten Erfassung des Patienten durch den Arzt ist noch zu sagen, daß sie *nicht skalar* ist. Während wir bei der bewußten Erfassung des Partners, in der verstandesmäßigen Beurteilung seiner Persönlichkeit eine ganze Skala von hellbewußter Erkenntnis bis zu dunklem Erahnen zur Verfügung haben, ist es bei der im kommunikativen Zeichnen zustandegekommenen unbewußten Erfassung des Andern weder zutreffend zu sagen, sie sei präzis, noch sie sei dunkel oder unklar. Vielmehr verhält es sich ähnlich wie mit den Erfassungsmitteln der abstrakten und besonders der symbolhaften Sprache der Kunst. Ihr liegt einerseits das umfassend Ganzheitliche, andererseits das wesenhaft Treffende, aber in ganz anderem Sinn als dem der klaren logischen Schärfe der rationalen, begrifflich verstandesmäßigen Dimension des Erkennens.

An den Zeichnungen fällt das Korrespondieren eines zwar nicht völlig beschreibbaren, aber konkret einmaligen So-Seins auf, das sich in den beiden beteiligten Personen auf eine je eigene, von individuellen Stil- und Struktureigentümlichkeiten geprägte Weise – ohne daß dadurch die Übereinstimmung der beiden Zeichnungen herabgemindert würde – ausdrückt.

Die Zeichnungen sind nach Weizsäckers Formulierung Ausdruck eines «*Gestaltkreises*» [35] wechselseitiger Beziehungen, welche unbewußt vor sich gehen und nicht gegenständlich determiniert sind. Es handelt sich also nicht um die Übertragung von einzelnen Gedanken oder begrifflich ausdrückbaren *Inhalten,* sondern um ein strukturelles Ordnungsgefüge unbewußter, im kommunikativen Umgang des Arztes mit den tieferen Seinsmöglichkeiten des Patienten konstellierter *ungegenständlicher seelischer Potenzen.*

Eine solche intuitive Erfassung des Partners im Auffangen seines Unbewußten mit dem eigenen Unbewußten ist keine verstandesmäßige Operation; sie kann überhaupt nicht durch eine aktiv willentliche Einstellung oder bewußte Absicht geleistet werden. Bei Scheler, Bergson, Jung, Maeder u. a. liegt der Akzent in der Definierung der Intuition mehr auf dem schauenden Erfassen von *Inhalten,* sei es in Form von Ideen oder von Bildern. Bergson bezeichnet Intuition als «voir par le dedans»; das Wort wird abgeleitet von in-tueri, d. h. hineinschauen. Schopenhauer bezieht auf die Intuition jede *Erkenntnis,* die «mit einem Schlag» und ohne Begriffe gegeben ist [28] (Maeder, S. 114).

Beim induktiven Zeichnen sind es nicht die Inhalte, welche vom Therapeuten unbewußt wahrgenommen werden, sondern die hinter solchen konkreten Inhalten befindlichen, *diesen zugrundeliegenden formalen psychischen Strukturen.* Diese sind eine Art Matrix für solche Potenzen, die noch nicht in inhaltlichen Auszeugungen konkrete Gestalt angenommen haben. Sie bilden den Keimboden für jene Erscheinungen mehr inhaltlich bestimmter Art, welche die bisherige Auffassung mit intuitiver Erfahrung bezeichnet. Die Methode der Objektivierung des Unbewußten im induktiven Zeichnen leistet somit auch einen experimentellen Beitrag zur *Archetypenlehre* Jungs [22] (Bd. 8, S. 229–267).

Wenn ich mit der Patientin, von der die Serie der Ausgangssituation stammt, in Schweigestunden zeichnete, hatte ich weder eine Intuition (im herkömmlichen Sinne) über das, was sie beschäftigte oder was gerade in ihr vorging, noch hatte ich überhaupt das Gefühl, mich jetzt mit ihr eigens zu befassen. Ich zeichnete, wie es mir gerade in die Hand kam und dachte dabei am allerwenigsten, daß meine Kritzeleien ein unbewußter Ausdruck dessen sein könnten, was in der Patientin «vorgehe» oder ihre gegenwärtige Verfassung ausmache. Während es doch bei thematischen Intuitionen so zu gehen pflegt, daß man in dem auftauchenden Denkinhalt, dem Einfall, der Idee oder dem Bild einen unmittelbaren und direkten Bezug auf den Partner und seine Situation erkennt.

Hingegen stimmt meine Anschauung über die Intuition mit der differenzierenden Auffassung Binders überein, der dieses ungegenständliche, aber reale Erfassen von seelischen Strukturen und *unthematisierten Potenzen* in seiner Besonderheit heraushebt. Die Methode des induktiven Zeichnens ist geradezu ein *empirischer Beleg* für das, was Binder in seiner subtilen Darstellung über Wesen und Wirkung der Intuition ausgeführt hat. Die von ihm postulierten, intuitiv erschlossenen unbewußten *strukturellen* Dispositionen werden durch das induktive Zeichnen und die nachfolgenden Objektivierungsexperimente wissenschaftlich belegt. Daß diese Objektivierung im Bereich des unbewußt Seelischen naturgemäß eine andere sein muß als die Methode der Objektivierung in den exakten Naturwissenschaften, ergibt sich aus dem Forschungs-«Gegenstand». Dieser ist immateriell und arational im Sinne Gebsers [14] und ist also den naturwissenschaftlichen Kategorien nicht unterwerfbar; ein einseitiges oder gar ausschließliches Operieren mit Maß und Zahl wäre hier fehl am Platz.

13. ZUR FRAGE DER WISSENSCHAFTLICHEN GÜLTIGKEIT DER METHODE DER OBJEKTIVIERUNG DES UNBEWUSSTEN

Über die Kriterien der Wissenschaftlichkeit in der Psychologie sagt Jaspers: «Wissenschaft ist allgemein gültige, zwingende Erkenntnis. Sie ist durch bewußte und von jedermann nachprüfbare Methode begründet... Was wissenschaftlich erkannt ist, kann vorgezeigt oder bewiesen werden derart, daß ein Verstand, der die Sache überhaupt begreifen kann, sich dem Zwang der Richtigkeit nicht zu entziehen vermag.» Ferner verlangt Jaspers «die Objektivität einer erfahrbaren Tatsächlichkeit» und führt weiter aus: «Eine Fixierung der Wissenschaftlichkeit aber auf eine bestimmte Art von Beweisbarkeit würde die Psychopathologie verengen... Auf jedem Wege einer spezifischen Methode ist eine Erkenntnis wissenschaftlichen Charakters möglich.» [16] (S. 642).

Wenn wir den strengen Maßstab der Jasperschen Forderungen an unser Beweisverfahren anlegen, so ergibt sich folgendes:

1. Die Beweisführung (nämlich das Experiment der Verifizierung) ist durch eine bewußte und von jedermann nachprüfbare Methode begründet.

2. In den Bildserien des induktiven Zeichnens liegt die Objektivität einer erfahrbaren Tatsächlichkeit vor (vergl. formale Analyse der Zeichnungen S. 45–58).

3. Die Methode ist für den zu untersuchenden psychischen Sachverhalt spezifisch.

4. Das Kriterium der allgemeingültigen, zwingenden Erkenntnis trifft ebenfalls zu, soweit die bisherigen Erfahrungen reichen. Denn keine einzige der 105 Versuchspersonen, mit denen das Experiment der Verifizierung durchgeführt worden ist, hat sich in den vier Jahren seit der Entdeckung der Methode «dem Zwang der Richtigkeit» entziehen können.

Nun ist durchaus denkbar, daß bei größerer Ausdehnung der Versuche doch einmal der eine oder andere Proband die strukturelle Übereinstimmung der unbewußten zeichnerischen Produktionen von Arzt und Patient nicht sicher zu beurteilen vermöchte. Es würde dann dem kritischen Urteil der Nachprüfenden überlassen sein, ob ein solches Faktum, wenn es einträte, eher als Indiz gegen die Gültigkeit der Methode zu werten wäre, oder ob unter Umständen die Jaspersche Voraussetzung eines Verstandes, der die Sache überhaupt begreifen kann, nicht der spezifischen Methode gemäß erfüllt gewesen wäre. Denn die Erfassung der Ganzheitsgestalt und der strukturellen Eigenart eines unthematisierten zeichnerischen Gebildes ist eine psychische Leistung, die an gewisse seelische Dispositionen geknüpft ist.

14. THERAPEUTISCHE BEDEUTUNG
DES INDUKTIVEN ZEICHNENS

Für die therapeutische Wirkung des induktiven Zeichnens sind vier Faktoren von Bedeutung:

1. Die Einführung des Zeichnens in die analytische Situation.
2. Das unthematisierte Zeichnen des Patienten als Ausdrucksvorgang.
3. Die Gemeinsamkeit des Zeichnens mit dem Arzt.
4. Die Erhellung unbewußter kommunikativer Prozesse zwischen Arzt und Patient durch das Zeichnen.

a) Das Zeichnen als Parameter in der analytischen Situation

Zum ersten Punkt sollen nur einige grundsätzliche Hinweise gegeben werden. Die psychoanalytische Kur stellt eine ganz besondere, sonst im Leben so nicht vorkommende Zweierbeziehung dar, die wegen ihrer Komplexität und der Intensität ihrer seelischen Dynamik in einem labilen Gleichgewicht aufrecht erhalten werden muß. Sie ist gegenüber störenden Einflüssen, aber auch schon gegenüber allen Veränderungen ohne eigentlichen Störcharakter höchst empfindlich. Das sogenannte analytische _Ritual_ stellt einen Schutz für dieses labile Gleichgewichtssystem dar. Die Einführung einer von den Regeln abweichenden Maßnahme (eines Parameters) ist darum immer an sich schon von einer besonderen Bedeutung. Beispielsweise mußte ich eines Tages wegen dringlicher Reparaturarbeiten in meinem Therapiezimmer die Patienten ausnahmsweise in einem anderen Raum empfangen. Alle waren befremdet, fühlten sich nicht wohl und konnten weniger aus sich herausgehen als sonst. Eine Patientin, die jede Veränderung in ihrer Umwelt als einen beängstigenden Eingriff in ihre Persönlichkeit erlebte, wurde geradezu ratlos. So kann auch die Einführung einer nicht erwarteten therapeutischen Maßnahme wie des Zeichnens einen je nach Person verschiedenen subjektiven Bedeutungsgehalt bekommen, der für die Therapie wichtig werden kann. Ein paar Beispiele mögen zeigen, was die nachherige Analyse bei verschiedenen Patienten zutage gefördert hat:

a) Das Zeichnen bedeutet, daß der Therapeut nicht wie die Mutter ständig von mir eine Leistung erwartet, sondern mir die Freiheit gönnt, die Zeit zu vertun.

b) Das Zeichnen zeigt, daß der Therapeut eine Leistung von mir erwartet, wie die Schulmeister, die die Kinder Aufgaben machen heißen.

c) Der Therapeut ist ein Willkür-Mensch, der seine analytischen Regeln selbst nicht einhält.

d) Hält mich der Therapeut für geisteskrank? Solche Kindereien macht man doch in den Nervenkliniken mit Verrückten, um sie zu beschäftigen.

b) Das unthematisierte Zeichnen des Patienten als Ausdrucksvorgang

Jeder Mensch, auch der Ausdrucksgehemmte, hat einen inneren Drang, nicht allein den bewußten seelischen Inhalten, sondern auch dem Ungeklärten, unterschwellig Empfundenen, dem Unartikulierten und ihm selber noch gar nicht rational Faßbaren auf irgend eine Weise Ausdruck zu geben. Dabei stellt sich ein besonderes Problem für den gehemmten und ausdrucksgestörten Patienten darin, daß die *konventionellen* Formen des Ausdrucks für ihn oft schwierig oder untauglich sind; deshalb müssen wir ihm in der Therapie solche Ausdrucksmöglichkeiten erschließen, die einen von der psychischen Störung wenig beeinträchtigten, möglichst unmittelbaren und unverstellten Ausdruck gestatten. In dieser Hinsicht hat sich das *unthematisierte* Zeichnen als therapeutisch besonders nützlich erwiesen, weil es keine gestalterische Leistung verlangt und somit das Ausdrucksgeschehen unabhängig von jeder zeichnerischen Anforderung frei sich entfalten läßt. In solchem unreflektierten Kritzeln gelangt der Analysand zu einer von thematischen Konzeptionen freien Entäußerung arationaler, präverbaler psychischer Vorgänge. Für die therapeutische Wirkung ist bei dieser Methode der Vorgang der Entäußerung als solcher das Wesentliche, während von einer Deutung des Gezeichneten abgesehen werden kann.

c) Die Gemeinsamkeit des Zeichnens mit dem Arzt

Im Unterschied zur verbalen psychoanalytischen Methode erschließt die Methode des gemeinsamen Zeichnens von Arzt und Patient einen *averbalen Bereich des Kontaktes* auf unbewußtem Weg; die Schwierigkeiten des Ausdrucks auf der Ebene der Begriffssprache werden dadurch vermieden und es wird im unthematisierten Kritzeln – dank der direkten Umsetzung psychischer Impulse in motorisch-zeichnerische Handlung – eine unmittelbare Beziehung zu den Primärprozessen hergestellt. Dabei ist es für den Analysanden hilfreich, zu erleben, daß auch der Analytiker sich auf derselben (vom Patienten bisher abgewehrten und innerlich verurteilten) archaischen Ebene bewegt. Auf diesem Weg eröffnen sich spezifische psychotherapeutische Möglichkeiten, welche vor allem für die Behandlung ausdrucksgehemmter Patienten und bei Regressionszuständen eingesetzt werden können. Die Indikation zur Anwendung des induktiven Zeichnens in der Psychoanalyse ist nicht häufig gegeben. Die Hauptbedeutung der Methode liegt, wie sich mit der Zeit herausgestellt hat, in der Erhellung unbewußter Kommunikationsvorgänge in der Therapie. Sie ist vor allem für die psychologische Grundlagenforschung wichtig geworden, während ihrer praktischen Anwendung als therapeutisches Instrument enge Grenzen gesetzt sind. Sie ist ein ungewöhnlicher Parameter in der psychoanalytischen Technik, der nur vereinzelt und unter besonderen inneren Voraussetzungen bei Analytiker und Analysand sinnvoll eingesetzt werden kann, der sich also nie gezielt in den Therapieplan einbauen läßt. In den ersten Phasen einer Psychoanalyse habe ich das induktive Zeichnen nie angewendet. Die Voraussetzungen dazu dürften wohl erst nach längerer Vertrautheit von Arzt und Patient (nach 100 und mehr Konsultationen) überhaupt gegeben sein. Eine Stunde des gänzlichen Schweigens bedeutet immer eine affektiv heikle und komplexe Beziehungssituation, welche die Einführung eines Parameters nur unter besonders günstigen inneren Bedingungen verträgt.

Von größerer praktischer Bedeutung für die Therapie sind einige andere Verfahren des therapeutischen Zeichnens von Arzt und Patient, deren Methodik, Anwendungsweise und therapeutische Nutzung in meinem Buch «Neue Wege zum Unbewußten» eine eingehende Darstellung erfahren werden [13].

d) Die Erhellung unbewußter kommunikativer Prozesse

Wir haben gesehen, daß das beim induktiven Zeichnen zutage tretende «Material» Ausdruck einer Wechselwirkung zwischen Arzt und Patient ist, welche sich im analytischen Schweigen unbewußt ereignet. Von dieser psychotherapeutischen Leistung des Analytikers weiß der Patient in der Regel ebenso wenig wie ein Außenstehender. Er stellt nur das Fehlen eines sichtbaren Tuns fest und interpretiert demgemäß das Schweigen des

Analytikers meist negativ. Oft kann er es weder begreifen noch ihm irgend einen Sinn abgewinnen. Wenn der Analytiker dieser Schwierigkeit nicht richtig zu begegnen weiß, kann dies bei schwer Beziehungsgestörten ungünstige Folgen haben. Um so eindrücklicher ist für den gehemmten Patienten die Entdeckung, die er beim gleichzeitigen Vorlegen der von seiner Hand und der vom Arzt stammenden Zeichnungen selber macht: Daß der Analytiker sogar im Schweigen mit ihm verbunden ist, sich in ihn einfühlt und sich innerlich auf ihn abstimmt. Daß das Schweigen nicht einfach ein Loch, ein gähnendes Nichts, sondern eine innere Aktivität ist. Daß es – was jeder erfahrene Analytiker weiß – sehr unterschiedliche Arten des therapeutischen Schweigens gibt, deren Grundstimmung, Färbung, innere Schwingung und unbewußte Konstellation immer wieder anders sind. Wenn der beziehungsgestörte Patient dieser unbewußten kommunikativen Wechselwirkung in ihrer tatsächlichen Differenziertheit und Nuancierung, in ihrer Komplexität und auf den Patienten persönlich abgestimmten Strukturierung ansichtig wird, so geht ihm gerade das Spezifische der analytischen Haltung auf. Er beginnt zu verstehen, daß das, was er als Beziehungslosigkeit empfinden mußte, eine besonders differenzierte, zwar ganz im Unsichtbaren sich vollziehende, aber wirkliche und darum wirksame Beziehung ist. Bei der Patientin, von der die drei Zeichnungen auf S. 48 stammen, hat diese Entdeckung wie ein erleuchtender Blitz gewirkt und eine tiefgreifende therapeutische Wirkung gehabt. Sie gewann durch die Zeichnungen mit einemmal ein tieferes Verständnis für die Psychoanalyse, welche ihr vorher «chinesisch» vorgekommen war; sie bekam einen Eindruck von der unsichtbaren «Aktivität» des Therapeuten und von seiner inneren Beziehung zu ihr. Von diesem Zeitpunkt an war etwas Wesentliches in ihr gewandelt; sie konnte in den folgenden Stunden ihre schweigende Abwehr überwinden und begann von Problemen zu sprechen, die sie vordem monatelang hartnäckig umgangen hatte.

ZUSAMMENFASSUNG

Die Methode der Objektivierung des Unbewußten ist ein Verfahren, welches in einem ersten Ansatz, gemäß Weizsäckers Wort, den für die Psychoanalyse geltenden wissenschaftlichen Grundsatz: «maximale Objektivität durch optimale Subjektivität» zur Anwendung bringt [36]. In einem zweiten Ansatz geht sie jedoch über diese Forschungsgrundlage, welche sich allein auf das subjektive Urteilsvermögen des einzelnen Analytikers stützt, hinaus und tritt mit der formalen Analyse des Zeichnungsmaterials und schließlich mit der experimentellen Methode der Verifikation durch außenstehende Kontrollpersonen in den Bereich der objektiven Tatbestandsforschung über.

Das Sichtbarmachen unbewußter Prozesse und deren Objektivierung erfolgt in drei methodisch spezifizierten Schritten. Ausgangspunkt ist die psychoanalytische Therapiesituation, Endpunkt ist die wissenschaftliche Untersuchungssituation des psychologischen Experimentes außerhalb der Therapie.

Der erste Schritt beruht in der Einführung einer neuen graphischen Methode – des induktiven Zeichnens – in die psychoanalytische Situation. Diese erlaubt es, unbewußte psychische Vorgänge bei Arzt und Patient sichtbar zu machen und deren graphischen Niederschlag dokumentarisch festzuhalten, so daß sie in dieser Form der nachträglichen Untersuchung und Objektivierung zugänglich werden. Die Voraussetzungen für die Objektivierung unbewußter kommunikativer Prozesse mittels des induktiven Zeichnens sind: erstens die therapeutische Situation des Schweigens in der Psychoanalyse (damit die Kritzeleien wirklich unbeeinflußt von bewußtem Material, namentlich unbeeinflußt von Mitteilungen verbaler Art, zustande kommen); zweitens das Ausschalten der Möglichkeit, die Zeichnungen des andern während des induktiven Zeichnens zu beobachten. Arzt und Patient kritzeln deshalb je für sich allein vor sich hin, wobei die Sichtverbindung auf das Blatt des Partners durch die Sitzanordnung ausgeschlossen wird.

Der zweite Schritt auf dem Weg zur Objektivierung unbewußter Kommunikationsvorgänge besteht im Vergleich der graphischen Produkte von Arzt und Patient unter Heranziehung der Methode der formalen Analyse der zeichnerischen Elemente. Dabei werden die objektiv nachweisbaren graphischen Charakteristika der Zeichnungen von Analytiker und Analysand auf ihre formale Übereinstimmung oder Ähnlichkeit hin untersucht; hier zeigt sich eine über jede Wahrscheinlichkeitserwartung hinausgehende formale Verwandtschaft der jeweils aus der gleichen Sitzung stammenden zeichnerischen Produkte, was eine unbewußte wechselseitige Abstimmung der beiden Partner aufeinander voraussetzt. Mit dem aus dem induktiven Zeichnen stammenden Dokumentationsmaterial kann also die fundamentale psychoanalytische These von der unbewußten Wechselwirkung zwischen Analytiker und Analysand objektiv bewiesen werden.

Der dritte Schritt zur Objektivierung des Unbewußten vollzieht sich auf der Ebene der wissenschaftlichen Experimentalsituation. Das aus dem induktiven Zeichnen stammende Bildmaterial von Arzt und Patient ist ein objektiv überprüfbares Dokument unbewußter psychischer Vorgänge. Es kann außerhalb der psychoanalytischen Situation den Bedingungen des wissenschaftlichen Experimentes unterworfen werden. Dabei ergab sich bei der Aufgabe, unter den verschiedenen Zeichnungen von Arzt und Patient jeweils die zusammengehörigen herauszufinden, daß alle Versuchspersonen bei sämtlichen Zeichnungen die jeweils gleichzeitig in einer bestimmten Therapiesitzung entstandenen Zeichnungen auf Grund ihrer graphischen Merkmale einander richtig zuordnen konnten. Bei einer Treffsicherheit von 100 % ist somit auch auf experimentellem Weg der Nachweis einer objektiv faßbaren und über jede Wahrscheinlichkeit hinausgehenden Gleichsinnigkeit in den unbewußt gesteuerten graphischen Abläufen bei Analytiker und Analysand erbracht.

Wenn wir die Bedeutung dieser Befunde für die Interpretation der psychoanalytischen Situation zu verstehen suchen, so ist kein anderer Schluß möglich als der einer wechselseitigen psychischen Beeinflussung von Analytiker und Analysand. Diese läßt sich, da bewußte Mitteilungen und Informationen in der Schweigesituation weitgehend fehlen, nicht anders denn als unbewußt definieren. Was somit wissenschaftlich objektiv feststeht, ist das Vorhandensein einer unbewußten kommunikativen Wechselwirkung zwischen Arzt und Patient im Sinne der von Kemper formulierten These, daß Übertragung und Gegenübertragung eine funktionelle Einheit darstellen [23]. Die Frage hingegen, *wer wen* unbewußt psychisch induziert, läßt sich streng genommen auf Grund der im therapeutischen Schweigen resultierenden Kritzeleien nicht mit Sicherheit beantworten. Die große Variabilität der Zeichnungen des Analytikers im vorliegenden Material und die spezifische Abstimmung seiner graphischen Ausdrucksweise auf jene der untereinander sehr verschiedenen Analysanden dürfte dahin ausgelegt werden, daß der Analytiker dank seiner durch Begabung und langjährige Schulung herausgebildeten Sensibilität für Fremdseelisches in höherem Maße fähig sei, sich jeweils auf das Unbewußte des Analysanden abzustimmen als umgekehrt. Die psychoanalytische Erfahrung zeigt aber auch von seiten des Analysanden eine oft erstaunliche Fähigkeit, feinste unbewußte psychische Veränderungen beim Analytiker wahrzunehmen und richtig zu deuten.

Für die weitere Erforschung der unbewußten Kommunikationsprozesse in der psychoanalytischen Arzt-Patient-Beziehung wird es nun von Interesse sein, welche Ergebnisse das induktive Zeichnen bei andern Analytikern zutage fördert. Bei der Anwendung der Methode ist streng darauf zu achten, daß die Bedingungen alle erfüllt werden, welche für die in dieser Schrift beschriebene Methode des induktiven Zeichnens charakteristisch sind. Namentlich ist größter Wert darauf zu legen, daß der psychotherapeutische Charakter der Ausgangssituation gewahrt bleibt. Ein bloßes Ausprobieren aus Neugier oder aus wissenschaftlichem Interesse wird mit Sicherheit die psychotherapeutische Situation verändern und würde zu nicht vergleichbaren Resultaten führen. Eine statistisch breite Basis der Anwendung des induktiven Zeichnens ist von der Sache her nicht möglich. Beim induktiven Zeichnen wird es sich immer um ganz individuelle, aber gerade darum besonders eindrückliche Zeugnisse der unbewußten Beziehung von Analytiker und Analysand handeln.

LITERATURVERZEICHNIS

1. Benedetti, G.: Neuropsychologie heute: Eine Standortbestimmung. Schw. Ärzte-Ztg., 49. Jg., Nr. 44, 1968.
2. Benn, G.: Alexanderzüge mittels Wallungen. In: Dr. Rönne, Frühe Prosa. Zürich 1923.
✗3. Binder, H.: Die menschliche Person. Huber, Bern und Stuttgart 1964.
4. Breuer, J.: Studien über Hysterie. 1895. Siehe Freud, S.: Gesammelte Werke, Bd. l.
5. Ehrenfels, C. von: Über Gestaltqualitäten. Vierteljr. Schr. Wiss. Philosophie 14, 1890.
6. Freud, S.: Gesammelte Werke. Imago Publishing Co. Ltd. London 1952. Bd. I: Studien über Hysterie. 1895.
7. Freud, S.: Gesammelte Werke, Bd. IV: Zur Psychopathologie des Alltagslebens. 1901.
8. Freud, S.: Gesammelte Werke, Bd. X: Einige Charaktertypen aus der psychoanalytischen Arbeit. 1915.
9. Freud, S.: Gesammelte Werke, Bd. XII: Aus der Geschichte einer infantilen Neurose. 1918.
10. Freud, S.: Gesammelte Werke, Bd. XIII: «Psychoanalyse» und «Libido-Theorie». 1923.
11. Freud, S.: Gesammelte Werke, Bd. XVII: Abriß der Psychoanalyse. 1938.
12. Furrer, W.: Die Farbe in der Persönlichkeits-Diagnostik. Test-Verlag, Basel 1953.
13. Furrer, W.: Neue Wege zum Unbewußten (Arbeitstitel). Erscheint bei Hans Huber, Bern und Stuttgart, 1969 oder 1970.
14. Gebser, J.: Ursprung und Gegenwart. Dtsch. Verl.-Anstalt, Stuttgart 1949/53.
15. Heigl-Evers, A.: Die dienende Magd – ein Charaktertyp. Zschr. psychosomat. Medizin, Dez. 1965.
16. Jaspers, K.: Allgemeine Psychopathologie. 8. Aufl. Springer, Berlin/Heidelberg 1965.
17. Jones, E.: Das Leben und Werk von Sigmund Freud. Bd. I. Huber, Bern und Stuttgart 1960.
18. Irle, G.: Der psychiatrische Roman. Hippokrates, Stuttgart 1965.
19. Jung, C. G.: Seelenprobleme der Gegenwart. 4. Aufl. Rascher, Zürich 1950.
20. Jung, C. G.: Die Probleme der modernen Psychotherapie 1929. Gesammelte Werke, Bd. 16. Rascher, Zürich 1958.
21. Jung, C. G.: Psychologische Typen. Gesammelte Werke, Bd. 6. Rascher, Zürich 1960.
22. Jung, C. G.: Theoretische Überlegungen zum Wesen des Psychischen. 1946. Gesammelte Werke, Bd. 8. Rascher, Zürich 1960.
23. Kemper, W.: Übertragung und Gegenübertragung als funktionale Einheit. Referat 1968 am Institut f. ärztl. Psychotherapie in Zürich.
24. Klages, L.: Handschrift und Charakter. 23. Aufl. Hirzel, Zürich 1949.
25. Koch, W.: Hypnose bei einem Herzkranken. Münchner Med. Wochenschrift, 1957.
26. Lersch, Ph.: Aufbau der Person. 5. Aufl. Barth, München 1952.
27. Maeder, A.: Zur geschichtlichen Entwicklung der prospektiv-finalen Konzeption. In: Dialog über den Menschen. Klett, Stuttgart 1967.
28. Maeder, A.: Studien über Kurztherapie. Klett, Stuttgart 1963.
29. Moser, U.: Übertragungsprobleme in der Psychoanalyse eines chronisch schweigenden Charakterneurotikers. Psyche 1962/10.
30. Oswald, J.: Documenta Geigy Schlaf 3: Träume. 1966.
31. Schultz, J. H.: Das autogene Training. 7. Aufl. Thieme, Stuttgart 1952.

32. Schultz, J. H.: Hypnose-Technik. Piscator, Stuttgart 1952.
33. Searles, H.: Die Empfänglichkeit des Schizophrenen für unbewußte Prozesse im Psychotherapeuten. Psyche 1958/12.
34. Seguin, C. A.: Der Arzt und sein Patient. Huber, Bern und Stuttgart 1965.
35. Weizsäcker, V. von: Der Gestaltkreis. 4. Aufl. Thieme, Stuttgart 1968.
36. Weizsäcker, V. von: Zitiert von W. Schnüffel: Psychoanalytische Ausbildung und Forschung. In: Ärztl. Praxis, XX. Jg. Nr. 94, 1968.

NAMEN- UND SACHREGISTER